DU SYSTÈME DE FERMAGE SIMPLE

DES

CHEMINS DE FER

COMPARÉ AU

SYSTÈME DE FERMAGE AVEC FOURNITURE ET POSE DE RAILS,

RÉPONSE

Aux **OBSERVATIONS** publiées par M. F. Bartholony,

SOUS LE TITRE DE :

RÉSULTATS ÉCONOMIQUES DES CHEMINS DE FER.

PAR

UNE COMPAGNIE DE FERMAGE SIMPLE.

DEUXIÈME ÉDITION. — MAI 1844.

PARIS.

IMPRIMERIE D'ADOLPHE BLONDEAU,

RUE RAMEAU, 7 (PLACE RICHELIEU).

1844

CE QUI A DONNÉ LIEU A CET ÉCRIT.

Des concurrents sont toujours, et de droit, des esprits *brouillons et jaloux ;* aussi les Compagnies financières [1] qui *jouissaient* de la loi du 11 juin 1842, n'ont-elles pas vu, sans une certaine humeur, surgir les Compagnies fermières qui sont venues troubler leur quiétude.

Ces Compagnies se sont généralement formées sous l'empire d'une pensée de conservation, bien plus encore que de spéculation. Composées en grande partie d'hommes appartenant aux industries menacées de dépossession, par l'établissement des chemins de fer,

---

[1] Nous nous servirons, dans cette discussion, des dénominations usitées de Compagnies *financières* et de Compagnies *fermières,* par la seule raison que ces dénominations ont été consacrées par l'usage, et bien qu'elles expriment fort mal la vérité des choses. En effet, les Compagnies financières sont, elles-mêmes, Compagnies fermières, puisqu'elles exploitent ; et les Compagnies fermières, de leur côté, sont des Compagnies financières, puisqu'elles engagent, dans la ferme, un capital qui, quoi que moindre relativement, n'en est pas moins très-considérable.

elles ont compris qu'elles devaient, sous peine de mort, s'approprier ce nouveau mode de locomotion appelé à remplacer ceux qu'elles avaient employés jusqu'à ce jour.

Cette circonstance devait sembler un titre à l'intérêt général, on en a fait un texte d'accusation ; on en a conclu que les Compagnies fermières s'étaient formées, non pour faire, mais pour empêcher [1].

[1] C'est à Lyon que s'est organisée la première Compagnie fermière. Le système contraire a rencontré aussi, dans la même ville, de nombreux et honorables partisans. C'est là que la Compagnie Delamarre, devenue depuis Compagnie de l'Union, a trouvé une partie notable de ses actionnaires.

De cette opposition de vues et de projets est né un sentiment de rivalité qui s'est manifesté dans les journaux, et ailleurs peut-être, mais auquel la Compagnie fermière est demeurée complètement étrangère.

On nous a dit qu'on ne s'était pas toujours battu, contre nous, à armes parfaitement courtoises. Nous ne le croyons pas, mais nous le croirions que ce serait un motif de plus pour nous, de ne pas nous donner un tort semblable. Aussi nous hâtons-nous de déclarer que rien, dans cette publication, ne concerne directement ni indirectement, ceux qui à Lyon ont cru devoir, dans cette question, suivre une marche contraire à la nôtre. La guerre par allusions n'est pas une guerre digne ; nos pensées sont sur nos paroles, et non dessous.

C'est ici le cas de parler d'une imputation qui a été répandue avec une grande persistance. Cette imputation tendrait à faire croire que la Compagnie fermière de Lyon se serait livrée à des démarches actives pour empêcher le prolongement du chemin de fer, jusqu'à Lyon.

A cela nous avons deux choses à répondre ; la première c'est que nous avons adressé, *il y a six mois*, à M. le ministre des travaux pu-

On a attribué leur opposition non pas à leurs convictions, mais aux indignes suggestions d'une *misérable jalousie*.

Et ces accusations ont trouvé des échos dans la presse abusée, dans le *Journal des Débats* lui-même, qui n'a pas toujours su garder, dans cette discussion, le ton digne et mesuré qui distingue et honore ordinairement sa polémique.

Pour peu cependant qu'on se fût donné la peine de réfléchir, on aurait compris qu'il est bien impossible d'être jaloux de concurrents entrés dans une lice ouverte à tous [1].

Ceci nous a prouvé, ce qu'au surplus nous ne nous étions pas dissimulé, combien était difficile et épineuse la croisade que nous avions

blics, une demande en concession de bail à ferme, du chemin de fer de *Paris à Lyon*, demande qui a été plusieurs fois renouvelée, et en contradiction de laquelle la Compagnie fermière n'a jamais rien fait.

Nous avons à répondre, en second lieu, que les premiers, et alors que chacun s'endormait à Lyon sur le danger, nous nous sommes élevés avec force, contre le projet anti-Lyonnais de faire faire, au chemin de la Bourgogne, un détour dont tout le monde comprend maintenant les inconvénients et le danger.

[1] Ne dirait-on pas, à entendre de pareilles accusations, qu'on se figure que les Compagnies financières ont pris *brevet d'invention*, et sont *propriétaires* de la loi du 11 juin ? Car, autrement, comment serait-il possible de les jalouser, si chacun a les mêmes droits qu'elles, et en peut user ?

entreprise contre des idées reçues; contre les puissances financières du jour; contre des intérêts nombreux; contre des appétits de leur nature fort âcres et fort irritables.

Il nous eût été assurément plus commode et peut-être plus profitable, de nous coucher dans le lit tout fait de la bénigne loi du 11 juin, telle qu'on a voulu la comprendre; c'est-à-dire d'ouvrir la main, et de fermer la bouche.

Mais une idée s'est présentée, qui nous a paru féconde pour le pays, et nous avons préféré nous dévouer à son triomphe.

Nous avons assurément espéré entreprendre une chose utile à nos intérêts; nous ne prétendons, en aucune façon, au monopole du désintéressement; mais, entre deux voies profitables, nous avons trouvé qu'il y avait bien quelque séduction à suivre celle qui nous a paru concilier le mieux les calculs d'une honorable spéculation, avec les intérêts bien compris du pays. Nous croyons peu au patriotisme *en actions,* mais nous croyons encore à l'attrait du bien et des idées généreuses.

Aussi, profondément convaincus qu'on pousse le gouvernement dans une voie qui serait funeste à la fortune, et, ce qui est pire, à la moralité publiques ; témoins des efforts qu'on fait pour transformer en une œuvre de bourse, une grande œuvre de civilisation ; nous n'avons pas cru qu'il nous fût permis de rester neutres, et de refuser à notre pays, et notre concours, et le tribut de notre opinion ; en d'autres termes, nous avons voulu rendre un service, en faisant une affaire.

Il y a deux parties bien distinctes dans l'œuvre des chemins de fer : la création et l'exploitation.

On cherche à amalgamer, à confondre, à embrouiller ces deux choses, parce que les idées nettes se prêtent peu aux spéculations de la Bourse.

Nous faisons nos efforts, nous, pour empêcher cette confusion, et dissiper les nuages dans lesquels on enveloppe la question. Nous y avons intérêt, et le pays aussi.

Tel est le but de cette publication. Nous avons pensé que le moyen le plus certain de faire justice de toutes les erreurs qui ont été répandues, était de prendre les différents systèmes qui se disputent la préférence, et de les apporter nus devant le pays qui jugera.

M. F. Bartholony a publié plusieurs ouvrages sur les chemins de fer; son nom a acquis de l'autorité sur ces matières; il s'est fait, pour ainsi dire, la personnification des Compagnies financières et du système que nous combattons; c'est ce qui nous a déterminés à répondre à sa dernière publication.

Pierre angulaire du système, nous nous sommes adressés à lui, parce que, la pierre tombée, l'édifice tombera avec elle.

M. Bartholony a attaqué nos opinions avec fort peu de ménagements; nous les avons défendues, en attaquant nous-mêmes les siennes, voilà tout. S'il n'eût pas écrit, nous nous serions bornés à une simple exposition de nos idées.

Nous aurons à rétablir le sens défiguré de la loi du 11 juin, ce qui ne saurait blesser personne.

Nous aurons à combattre le système des Compagnies financières, non pas telles qu'elles sont, puisqu'elles n'existent pas, mais telles qu'on les projette, telles qu'il a plu à **M.** Bartholony de les représenter, avec les exigences et les prétentions qu'il leur a prêtées, car, jusques à présent, ces Compagnies ne sont que de la théorie, et les faits dorment encore dans l'urne du scrutin qui en portera toute la responsabilité.

Cette discussion est donc, à nos yeux, une lutte de principes, et en aucune façon, une lutte d'hommes; nous pouvons parfaitement supposer les intentions droites, quoique les opinions nous paraissent mauvaises, et respecter les unes, tout en combattant les autres.

Nous désirons que cela reste bien compris. bien entendu.

Et d'ailleurs que sont les compagnies anonymes, autre chose que des êtres de raison? C'est tout le monde, puisque chacun peut y entrer; ce n'est personne puisque chacun peut en sortir; le tout sans y laisser son nom, ni la moindre trace de son passage. Ce sont des écus et non des hommes, et dès-lors nul n'a le droit de prendre pour lui ce que nous aurons à en dire, d'autant plus qu'il est bien évident que les compagnies font chose toute naturelle, en cherchant à obtenir les meilleures conditions possibles; et que si des traités onéreux au pays étaient consentis, ce n'est pas à elles qu'en arriverait le blâme, mais au gouvernement qui n'aurait pas su sauvegarder les intérêts commis à sa tutelle.

Nous faisons les mêmes réserves pour ce que nous avons à dire des manœuvres de la bourse et du jeu des actions. C'est à ce jeu, et à la puissance publique qui le tolérerait ou l'encouragerait, beaucoup plus qu'à ceux qui s'y livrent, que s'adresse notre blâme; blâme qui saurait encore bien moins atteindre ceux qui restent étrangers à ces manœuvres, alors même que, joueurs heureux, la fortune leur aurait souri.

C'est uniquement dans ce sens que nos critiques devront être entendues.

Nous avons écrit sous forme de lettre, parce que cette forme nous a paru se prêter mieux que toute autre à une polémique de cette nature. C'était, au surplus, celle que M. Bartholony avait adoptée pour ses précédents écrits.

Vous venez de faire distribuer aux Chambres un nouvel écrit sur les chemins de fer.

Vous renoncez à votre ancien système de construction exclusive par l'industrie, avec concession de 99 ans et garantie d'un minimum d'intérêt.

Vous adoptez maintenant le système créé par la loi du 11 juin, et vous en proposez l'application sous une forme nouvelle, avec bail de 46 ans et 324 jours.

Vous vous faites, en conséquence, le défenseur des Compagnies financières, et vous repoussez, par suite, le système de fermage pur et simple.

Or, ce système a nos sympathies, et nous représentons une Compagnie qui s'est formée avec l'intention de le mettre en pratique ; vous trouverez donc tout naturel que nous vous répondions.

La vérité ne peut que gagner à ces luttes, et le pays profite de tout ce que la vérité gagne.

Vous parlez de votre *infériorité* sur les questions de cette nature ; nous sommes assurément trop polis pour vous prendre au mot, et nous aimons mieux croire que vous avez été mal inspiré par votre cause, que de mettre en doute votre habileté qui n'est contestée par personne.

Nous serons francs avec vous, Monsieur, mais sans passion d'aucune sorte, et vous voudrez bien ne pas oublier que c'est à vos doctrines seulement, et non pas à votre personne, que s'adressent nos observations et nos critiques.

D'ailleurs, le peu de ménagement avec lequel vous avez parlé de nos idées, nous mettra plus à l'aise à l'encontre des vôtres, et nous permettra d'en dire notre avis avec la liberté dont vous nous avez fourni l'exemple.

Nous aurons à examiner d'abord, et avant tout, la loi du 11 juin 1842, son esprit, la nature et l'étendue de la coopération demandée par elle à l'industrie particulière, ce qui nous amènera à reconnaître si la question d'exécution a été ou non tranchée par cette loi.

Nous porterons ensuite nos investigations sur les Compagnies qui se disputent l'exécution et l'exploitation des chemins de fer, et que nous distinguerons ainsi qu'il suit :

1° Compagnies de fermage avec exécution entière de la voie, telles que la Compagnie d'Orléans ;

2° Compagnies de fermage avec pose et fourniture des rails ;

3° Compagnies formées d'après le système proposé par vous, Monsieur, sous la dénomination de système *de garantie réciproque* ;

4° Et enfin, Compagnies de fermage simple.

Nous traiterons ensuite et séparément, d'abord la question de *l'exploitation* par l'Etat, et en second lieu la question de l'emprunt auquel serait demandé le capital des rails, offert par les Compagnies financières.

Quant aux questions accessoires, elles trouveront leur place autour des questions principales auxquelles elles se rattachent naturellement.

I.

DE LA LOI DU 11 JUIN 1842.

Deux forces se disputent le monde social ; la force publique et la force privée ; leur lutte est son histoire, leur accord son problème.

Ces deux forces, toujours en présence, ne pouvaient manquer de se rencontrer sur la grande question des chemins de fer ; c'est ce qui est arrivé.

Il y a dans cette question, ou plutôt dans cette œuvre, deux parties bien distinctes ; l'exécution et l'exploitation.

L'exploitation a été, dès l'origine, considérée comme le lot de l'industrie privée, car l'exploitation c'est du commerce, c'est de l'industrie, ce n'est pas du gouvernement. Le gouvernement, en effet, consiste à régler et surveiller les rapports des hommes entr'eux, et non à s'en mêler [1].

Quant à l'exécution, à qui doit-elle être confiée ?

Ceux qui ont une tendance à favoriser la puissance publique voulaient que l'administration en fût chargée. Il semble, en effet, que la création soit d'essence gouvernementale. Dieu créa le monde et le donna en *régie* à l'homme ; or, si quelque chose peut s'assimiler à la

---

[1] Quelques personnes néanmoins ont pensé que l'exploitation devait être abandonnée à l'État ; nous examinerons plus tard cette opinion qui, du reste, a fort peu de partisans.

puissance divine, c'est assurément la puissance sociale représentée par le gouvernement.

Ceux, au contraire, qui inclinent à faire prépondérer la force individuelle, et auxquels le pouvoir fait ombrage, voulaient que l'exécution des chemins de fer fût abandonnée à l'industrie particulière; cette puissance alerte et aventureuse, qui entre toujours la première dans le monde des idées, et qui est, à vrai dire, la sentinelle perdue de la civilisation.

Le succès est quelquefois un malheur. Celui que l'industrie privée obtint en 1838 en est la preuve.

La tentative faite à cette époque par le pouvoir pour s'emparer de l'exécution des chemins de fer ayant échoué, l'industrie privée en fut chargée. Mais le fardeau était trop lourd pour elle, et cet essai ne fit que constater son impuissance.

Que fallait-il faire? Le gouvernement avait été repoussé à cause de sa force; l'industrie particulière était tombée à cause de sa faiblesse; essayer une transaction semblait naturel; on l'essaya.

Si le succès avait nui à l'industrie, sa défaite lui profita. Sa chute fit qu'on s'exagéra singulièrement la pesanteur du fardeau qui l'avait amenée. Au lieu de l'attribuer à sa faiblesse, on l'attribua aux charges qu'on disait inhérentes à la création des chemins de fer; de sorte que, dans la transaction intervenue, on lui fit une part en rapport avec l'opinion défavorable qu'elle avait contribué à donner d'une entreprise, qui avait si mal réussi entre ses mains.

Cette transaction, c'est la loi de 1842. Cette loi est ce qu'elle a dû être, une loi d'erreur et de commisération, parce qu'elle a été faite sous l'empire, d'idées fausses et de sentiments généreux; et pourtant elle a fait du bien; elle a servi à produire la lumière, ce qui est beaucoup pour les questions de cette nature. Graces à elle, graces aux expériences qui ont été faites, l'erreur maintenant n'est plus permise.

Nous devons même dire, à la décharge de la loi de 1842, que les torts qu'on lui reproche viennent de ce qu'elle a été mal comprise. C'était un jugement de Salomon; on en fait une sentence de juge de paix. On l'a vue tout entière dans sa lettre, tandis qu'on devait la voir dans son esprit.

Comment a-t-on pu, en effet, supposer que la loi ait voulu sérieusement *couper en deux* cette œuvre si essentiellement une, de l'exécution des chemins de fer? Aussi a-t-on vu, quand on en est venu à l'application, que cela n'était pas possible; et comme l'industrie ne voulait pas abandonner *sa moitié;* l'État, *le véritable père,* a abandonné la sienne. C'est ce qui est arrivé pour le chemin de fer de Marseille à Avignon; seule application qui ait encore été faite de la loi de 1842.

Ce que cette loi a fait de réellement utile, c'est de régler définitivement la question des terrains ; ce qui était, à vrai dire, la difficulté sérieuse, le nœud gordien de l'affaire. En le tranchant, elle a rendu un service immense et qui restera. Là, et aussi dans le vote des fonds, et des lignes à exécuter, est toute la loi ; car rien, dans les dispositions relatives à la coopération de l'industrie privée, n'a véritablement le caractère législatif. Ce sont des dispositions d'ordre purement réglementaires, mais ce n'est pas une loi.

Est-ce une loi, en effet, que celle qui dit que le gouvernement exécutera les travaux d'art, de terrassements, etc., et qu'il pourra néanmoins en charger l'industrie particulière ? Et n'est-il pas évident que tout cela n'avait pas besoin d'être décrété, puisque, d'une part, il n'y a pas de milieu entre faire, ou faire faire ; et puisque d'autre part, le gouvernement avait certes bien cette faculté sans qu'on la lui donnât ? On ne décrète pas ce qui est de droit ; il n'y a pas besoin de loi, disait il y a peu de jours M. Rossi, pour prouver qu'un homme vivant n'est pas mort ;

Est-ce une loi aussi, que cette disposition relative à la pose des rails par les Compagnies ? Car, que faire si elles eussent refusé de s'en charger, ou si elles eussent mis à leur concours, des conditions inacceptables ? On ne peut pas supposer que la loi, qui ne pouvait engager les Compagnies envers l'Etat, ait voulu engager l'Etat envers elles ; car ce serait supposer qu'elle a voulu l'absurde ;

Est-ce une loi, enfin, que celle qui ne se peut exécuter sans une autre loi ? Or, on sait que tout traité conclu en vertu de la loi de 1842 devait être soumis à la sanction législative.

En autorisant le gouvernement à confier aux compagnies la fourniture et la pose des rails, il est évident que le législateur n'a pas voulu donner à l'industrie particulière une part réelle et sérieuse dans l'exécution.

Le chemin, c'est le tracé, ce sont les travaux d'art, les terrassements, la voie enfin; car ce sont les seules choses qui soient œuvre d'ingénieur; quant à la pose des rails, c'est uniquement œuvre d'argent, d'autant plus qu'il existe, entre cette opération et les travaux qui la précèdent, une connexité telle, qu'il est impossible que les Compagnies n'en confient pas l'exécution aux ingénieurs qui auraient été chargés, par l'État, de l'établissement de la voie [1].

Entendue autrement, la loi de 1842 ne serait plus qu'un méchant expédient, un contrat unilatéral, livrant l'État aux exigences et aux caprices de l'intérêt privé.

Le concours que la loi du 11 juin a demandé aux

---

[1] Les travaux d'art et de terrassements exigent l'établissement préalable d'une voie provisoire. Pour cette voie, il faut des traverses, des rails, etc. Qui achetera tout cela? L'État? Mais le traité a pour but de l'en dispenser. — Les Compagnies? Mais elles n'ont pas à s'occuper de ces travaux. Le terrassement et l'ensablement se tiennent de bien plus près encore, puisque le sable trouvé dans les fouilles et déblais a son emploi tout naturel dans l'ensablement de la voie. Comprend-on les contestations, les procès, les collisions, qu'engendrerait cette division contre nature, de travaux qui ne peuvent se séparer; cette garantie de bonne exécution imposée à l'État, et donnant lieu, pendant cinq ans, à recours et action, de la part des Compagnies?

Aussi tous les hommes pratiques s'accordent-ils à dire que la division projetée est impossible, et qu'il faut tout faire, ou tout laisser aux Compagnies.

Compagnies n'est sérieux et vraiment utile qu'en ce qui touche l'*exploitation*; aussi y est-il indiqué sous la désignation caractéristique de *bail*.

Quant à la *construction*, ce concours se réduit évidemment, à une avance de fonds; cela est si vrai, qu'aux termes de la loi, cette avance devait être remboursée aux Compagnies. C'était, dans le fait, une espèce de nantissement, de garantie; un paiement par anticipation de prix de ferme.

Ce serait donc évidemment s'écarter de l'esprit de cette loi que de vouloir transformer les fermiers appelés à l'exploitation des chemins de fer, en ingénieurs chargés, non pas de les construire, mais de mettre la dernière main à une œuvre faite et créée par l'État, en dehors de leur participation !

Certes, l'industrie privée est une force considérable, un puissant auxiliaire pour la force publique. Loin de nous, donc, la pensée de repousser son concours ; c'est le contraire que nous voulons; et la preuve c'est que nous venons offrir le nôtre.

Ce n'est pas trop, assurément, de ces deux forces unies pour mener à bonne et prompte fin cette grande œuvre de transformation sociale; mais nous pensons que ce serait compromettre leur *effet utile*, que de les accoupler, comme on veut le faire, et de les exposer ainsi à des frottements qui en paralyseraient l'énergie et la puissance.

Il faut que ces forces soient employées de manière à concourir à la même œuvre, mais non à la même entreprise. Il faut qu'elles agissent sous l'empire d'une idée

commune, mais chacune dans une sphère appropriée
à leur nature; la force publique, d'abord; car il convient, avant tout, que le gouvernement gouverne et
reste maître; la force privée ensuite, concourant non
pas comme esclave, mais comme auxiliaire.

Un gouvernement qui, en pareil cas, se placerait à
la remorque de l'industrie privée, abdiquerait; surtout
lorsqu'il s'agit, comme aujourd'hui, de l'une de ces
créations gigantesques qui tiennent à la vie, au cœur,
à la moelle du corps social, et sont appelées à changer
la face du pays; à modifier profondément ses mœurs,
ses habitudes, ses relations; à transformer ses rapports
avec les nations voisines.

Revenir sur ces questions, en maintenant la loi qui
les a résolues, serait une inconséquence dont sauront
se préserver tous les hommes sérieux, même ceux dont
l'opinion n'était pas favorable au système d'exécution
par l'État.

Dans tous les cas, les Chambres sont saisies de nouveau; elles vont avoir à examiner les divers systèmes
qui se produisent, et c'est ce que nous allons faire
aussi nous-mêmes.

Mais avant d'entrer dans cette discussion, il est
nécessaire que nous fassions connaître les différentes
bases qui nous ont servi de points de départ.

Nous avons considéré les projets de loi récemment
présentés, comme étant l'expression des prétentions des
Compagnies, soit pour la durée des baux, soit pour
les autres conditions, et nous raisonnerons constam-
ment dans cette hypothèse.

Nous avons supposé que les chemins de fer à établir présenteraient uue étendue totale de 4,000 kilomètres.

Nous avons admis avec vous que la dépense, les terrains non compris, sera en moyenne de 350,000 fr. par kilomètre; savoir : 200,000 fr. pour les travaux d'art et les terrassements, 100,000 fr. pour les rails et l'ensablement, et 50,000 fr. pour le matériel.

Nous avons évalué, également avec vous, les produits nets à 25,000 francs par kilomètre, pour les bonnes lignes.

Il doit demeurer entendu que nos raisonnements ne s'applique qu'à *l'ensemble des bonnes lignes*, ensemble que nous avons exprimé par le chiffre 4,000, et que chacun peut réduire, comme il l'entendra, sans que notre argumentation perde rien de sa force.

Il est bien évident, en effet, que le gouvernement doit d'autant moins sacrifier les bonnes lignes, qu'il y en aurait plus de mauvaise. De sorte que plus on réduirait le nombre des premières, plus nous aurions raison.

Nous avons distingué, quant à la coopération des Compagnies financières, ce qui tient à *l'exécution*, de ce qui tient à *l'exploitation*; le capital employé aux rails, du capital employé au matériel. Cette distinction fondamentale est la clef de toute notre argumentation, et cela se conçoit, puisque c'est par là seulement que diffèrent les deux systèmes en présence. Il est donc nécessaire, si on veut bien nous comprendre, de ne pas la perdre un seul instant de vue.

II.

DES COMPAGNIES DE FERMAGE AVEC EXÉCUTION ENTIÈRE DE LA VOIE.

Vous vous attachez, Monsieur, à démontrer tout ce qu'on peut attendre des Compagnies financières, et en preuve du bien qu'elles peuvent faire, vous citez la Compagnie d'Orléans, dont votre publication contient un historique que nous aurons à compléter.

Cet écrit énumère longuement les avantages de tout genre qui seraient résultés de cette entreprise, d'un côté pour le public et l'État [1]; de l'autre pour les actionnaires.

[1] Pour le public et l'État, ces avantages ont été résumés par M. Bartholony dans les termes suivants :

« Travail pour une multitude d'individus ;

« Économie pour divers services publics;

« Recettes nombreuses et importantes pour le Trésor;

« Économie considérable de temps et d'argent pour les voyageurs et les marchandises;

« Commodité et sécurité pour tous;

« Embellissement et assainissement des villes traversées ou mises en communication;

« Embellissement et augmentation de valeur d'un grand nombre de propriétés rapprochées de Paris ;

« Vente de terrains à des conditions généralement avantageuses. »

Nous ne voulons contester, Monsieur, aucun de ces résultats ; mais comme ils auraient été exactement les mêmes, en supposant qne ce chemin eût été *exécuté* par le gouvernement, il nous semble qu'on n'en peut rien conclure, si ce n'est qu'il est convenable d'établir des chemins de fer, en aussi grand nombre que possible, ce que personne ne conteste aujourd'hui.

Pour les actionnaires, les avantages signalés par vous, consistent dans les bénéfices qu'ils ont faits en traitant avec le gouvernement, qui leur a donné pour 500 francs, une chose cotée aujourd'hui à la Bourse plus de 1000 francs. C'est-à-dire qu'il a concédé à la Compagnie, pour prix d'un chemin de 133 kilom., un produit avec lequel il en aurait pu faire exécuter un de 260 !

Mais de ceci, que conclure encore ? Si ce n'est que l'État ou le public qui paient doivent trouver ce système beaucoup moins séduisant, que les actionnaires qui reçoivent ; et que si les Compagnies ont un grand intérêt à faire accepter leurs services à ce prix, l'État en a un fort grand aussi à les refuser ; car vous ne nierez pas qu'il ne vaille mieux, pour le public, avoir la même chose, en payant moins.

Nous vous avons promis de compléter l'historique présenté par vous, du chemin de fer de Paris à Orléans ; le moment est venu de tenir notre promesse.

La Compagnie avait offert d'exécuter ce chemin à ses

frais, et à ses *risques et périls*, moyennant la concession du péage pendant 70 ans.

Cette offre avait été acceptée et avait fait l'objet d'un contrat homologué par la loi du 7 juillet 1838. Tout était donc parfaitement en règle.

Cependant peu de mois après, en décembre de la même année, et c'est ce que vous avez oublié de dire, la Compagnie s'est mise en réclamation, et a demandé au gouvernement de venir à son secours.

Les actions ne trouvaient pas de preneurs; on n'avait pas foi dans l'entreprise, et **MM.** les fondateurs qui voulaient, ainsi que de coutume et de raison, faire le chemin avec l'argent des actionnaires, et non avec le leur, étaient aux abois.

Vous savez, en effet, Monsieur, comment les choses se passent généralement en pareil cas. Les fondateurs fournissent *l'idée*, leur nom et leur crédit.

Ils font les prospectus, se déclarent administrateurs avec un nombre quelconque de vingtièmes [1]; enfin, ils reçoivent les souscriptions et encaissent au besoin le premier dixième.

Quant aux actionnaires, ils ne fournissent rien autre que l'argent nécessaire à l'entreprise.

Toujours est-il, pourtant, que les actionnaires, cette

---

[1] La Compagnie d'Orléans, nous nous faisons un plaisir et un devoir de le déclarer, n'est pas dans ce cas. Ses administrateurs donnent gratuitement tous leurs soins à cette affaire.

fois, ayant fait défaut, ce qui n'est pas dans leur habitude, on s'est adressé à l'administration, qui se laisse quelquefois aller à de singuliers mouvements de sensibilité.

Ainsi est-il arrivé en cette occurrence ; et le gouvernement s'est attendri, et a pris en pitié, et reçu en grâces, les pauvres Compagnies financières, et notamment celle d'Orléans.

La concession était de 70 ans ; on l'a portée à 99 ; ce qui privera une génération entière de la jouissance gratuite de cette voie.

Trois embranchements devaient être exécutés ; on en a supprimé deux, ceux d'Arpajon et de Pithiviers, sans s'inquiéter des populations auxquelles on a ravi, de la sorte, le bienfait de cette communication.

Les tarifs étaient trop bas, au gré de la Compagnie ; on les a remaniés et élevés ; on a renoncé, en outre, au droit que le gouvernement s'était réservé d'y faire certaines révisions, au bout de la cinquième année ; de plus, on a porté du dixième au cinquième, le nombre des places dont la Compagnie avait reçu le droit de fixer le prix de gré à gré, c'est-à-dire arbitrairement ; le tout, sans doute, pour la plus grande satisfaction du public.

Un cautionnement de 2 millions avait été fourni ; on l'a rendu, en partie, à la Compagnie, attendu qu'elle n'avait pas rempli ses engagements.

Une clause limitait à 10 %, le maximum de l'intérêt à concéder aux actions, et prescrivait, ce cas arrivant, un abaissement proportionnel des tarifs; cette stipulation a été supprimée, et remplacée par une clause de résiliation ou rachat, à des conditions tellement onéreuses pour l'État, qu'il ne pourra en profiter qu'à la charge de sacrifices exorbitants.

Diverses conditions de courbes, de tracés, de pentes, plusieurs dispositions relatives aux travaux d'art gênaient la Compagnie; elles ont été changées, modifiées ou supprimées.

Enfin, l'État a garanti 4 % aux actionnaires de la Compagnie, pour 46 ans et 324 jours; et a de plus autorisé un emprunt, avec droit d'en prélever l'intérêt et l'amortissement, sur les produits bruts, et par privilége et antériorité sur lui-même.

Et pour tout cela, le gouvernement qu'a-t-il reçu? Rien!

La Compagnie qu'a-t-elle donné? Rien!

En telle sorte que le gouvernement a fait, à la Compagnie d'Orléans, et des deniers publics, un don gratuit qui, pour la prolongation de concession seulement, s'élèvera, en capital, à plus de cent vingt-huit millions [1]; et à deux cents au moins, si on évalue en argent les

---

[1] L'annuité à payer à la Compagnie, en vertu de l'art 45 du cahier des charges est de 4,433,533 fr. (voir la note de la page 28). Or, les 29 annuités de cette somme, qui seront payées en vertu de la prolongation accordée, donnent une somme totale de 128,566,657 fr.

autres concessions , notamment la suppression de la clause du maximum d'intérêt , et les modifications faites au tarif!

Telle est la loi *réparatrice* du 15 juillet 1840; réparatrice, Monsieur, c'est vous qui l'avez dit; le gouvernement , en effet, a réparé, par cette loi, ses *torts* envers la Compagnie d'Orléans. Réparatrice! ce mot dit-il bien assez? Peut-être aurait-on dû dire : *expiatoire!*

Nous conseillons à l'administration , afin de n'avoir plus de lois *réparatrices* à solliciter à l'avenir , de mettre en tête de tous ses cahiers des charges, une clause qui serait stipulée ainsi, ou à peu près :

ART. 1er. — Si l'entreprise réussit, les bénéfices seront pour la Compagnie; si elle échoue les pertes seront pour l'État.

Car c'est bien de la sorte que les choses se passent, et il y aura bientôt, à ce sujet, jurisprudence établie. Ce que voyant, on se demande si certain rôle d'une comédie depuis long-temps célèbre , ne conviendrait pas encore mieux à certains gouvernements qu'à certains hommes.

Nous regrettons , Monsieur, qu'en exaltant outre mesure les bienfaits de la Compagnie d'Orléans, digne, sous d'autres rapports, ainsi que nous le dirons plus tard, de la considération dont elle jouit; et qu'en l'apportant comme un argument, dans cette discussion, vous nous ayez mis dans la nécessité de rétablir la vérité, et de citer, au contraire, cette Compagnie, comme une preuve vivante et sans réplique de la folie qu'il y aurait, pour le gouvernement, à souscrire de pareils traités; car ce que la compagnie d'Orléans a fait, toutes le firent alors ; toutes le feraient probablement en pareil cas.

Quand l'État est dans l'embarras, les Compagnies financières s'éloignent, ou lui mettent le pistolet sur la gorge : témoins 1815, 1830, 1840 et autres circonstances analogues.

Quand, au contraire, les Compagnies se trouvent dans la détresse, le gouvernement est obligé de venir à leur secours, et de leur tendre la main, surtout si elles sont riches et puissantes, surtout si la perte tombe sur les sommités financières; car autrement..... Mais passons; et tournons bien vite cette triste page du cœur *administratif* qui est peut-être celle qui a fait dire à un moraliste chagrin, *qu'on ne caresse que les chiens qui mordent.*

Or que penser d'un contrat qui lie une partie et ne lie pas l'autre? Dira-t-on que c'est le privilége de la puissance, d'être généreux? Oui ; mais pas dupe !

Encore une réflexion, Monsieur, car elles abondent sur ce sujet.

En 1840 la Compagnie du chemin de fer d'Orléans a fait croire au gouvernement, sans doute parce qu'elle le croyait elle-même, que son traité était ruineux. Il n'en était rien pourtant ; c'est le contraire qui était vrai, et aujourd'hui que l'évènement a démontré l'erreur commise, nous supposons bien que la Compagnie remettra les choses dans leur premier état, ou au moins qu'elle rendra les vingt-neuf ans qui ne lui ont été donnés qu'à raison de faits reconnus faux. Que vous en semble?

Le gouvernement aura certainement, dans un nombre d'années peu considérable, à demander à la Compagnie la résiliation de son bail. S'attendrira-t-elle à son tour? Nous en doutons fort, car les Compagnies ont peu la *mémoire du cœur*. La somme que l'État aura à payer alors pour sa rançon [1], toute déduction faite des avances de la Compagnie, ne sera pas moindre de

---

[1] Le chemin de fer de Paris à Orléans ayant 133 kilom., et les revenus nets étant évalués par M. Bartholony à fr. 25,000 par kilom. et par année, il s'ensuit que le revenu net de cette entreprise serait annuellement de. 3,325,000

A ajouter le tiers de cette somme pour composer l'annuité de résiliation conformément à l'art. 45 du cahier des charges. 1,108,333

Total de l'annuité que l'État aurait à payer à la compagnie d'Orléans jusques à la fin de son bail, pour le résilier au bout de la quinzième année, ci. 4,433,333

Maintenant, pour avoir le bénéfice alloué à la Compagnie, il convient de déduire l'intérêt et l'amortissement de son capital avancé, de 50 millions, savoir :

Pour intérêts à 4 pour 100. 2,000,000
Pour amortissement pendant 99 ans . . . 42,083 } 2,042,083

Reste en bénéfice net à la Compagnie, sur chaque annuité. 2,391,250

Soit 18,000 fr. par kilomètre, moins une fraction.

Et encore convient-il de faire remarquer que nous n'avons tenu aucun compte des augmentations présumées d'ici à la quinzième année, ni des combinaisons toutes favorables à la Compagnie, adoptées par l'article 45 pour la fixation de l'annuité.

2,391,250 fr. par année, et il faudra, nous en avons peur, qu'il la paye par sou, maille et deniers, si tant est encore que le *Journal des Débats* ne trouve pas moyen de prouver que cette espèce de remboursement de rentes ou d'actions, est un acte *révolutionnaire ;* comme il le disait, il y a quelques jours, à propos de la conversion ajournée [1].

Ainsi, le pays, pour une avance de 50 millions qui lui a été faite, payera, bien réellement, et en vérité, en sus de cette somme, une prime de plus de 200 millions *en capital*, représentant, à la fin de la concession, si on y ajoute les intérêts cumulés, une somme qui dépasse *seize cents* millions !

Tel est en réalité l'art. 45 du cahier des charges de la Compagnie d'Orléans.

De sorte que si la loi du 15 juillet 1840 eut été appliquée seulement à 1,000 kilomètres des meilleures lignes, aboutissant à Paris, elle occasionnerait au pays, une perte nette et précise, à la fin des concessions, qui dépasserait un milliard et demi en capital [2], tou-

---

[1] Le gouvernement rachetant le chemin au bout de la quinzième année, il resterait encore 84 ans, puisqu'il en a été concédé 99.

Or, 84 annuités à 2,391,250 fr. donnent 200,865,000 fr., qui produiraient, en y ajoutant les intérêts cumulés à raison de 4 pour cent l'an, jusqu'à la fin de la concession, une somme de 1,613,220,945 fr.

[2] Un bénéfice annuel de 18,000 fr. par kilom. donne, pour 1000 kilomètres, 18 millions par an ; soit, pour 84 ans, un milliard cinq cent vingt-quatre millions ; et, avec les intérêts cumulés, plus de douze milliards au bout de la concession (1,212,948,078 fr.). On sait que nul ne songe maintenant à des concessions de 99 ans ; aussi, ce calcul n'est-il présenté ici que pour faire sentir, par cet exemple si frappant, tout le danger qu'il peut y avoir, pour une nation, à se priver ainsi des enseignements de l'expérience.

jours en évaluant les revenus d'après les bases posées par vous-même[1], et en réduisant à 1,000 kilomètres, l'étendue de ce qu'on appelle les bonnes lignes, ce qui est bien évidemment au-dessous de la vérité.

Et cependant les Compagnies actuelles qui sont taillées sur le patron tronqué de la loi du 11 juin, sont loin de présenter à l'Etat les avantages qu'il pouvait se promettre, en traitant avec des Compagnies formées, comme celles d'Orléans, d'après un système qui peut être combattu, sans doute, mais qui, au moins, est net, tranché et rationnel.

En effet, ces Compagnies, en demandant les produits, se chargeaient au moins des dépenses; si elles couraient les chances bonnes, elles affrontaient les chances mauvaises; tandis que les Compagnies actuelles entendent, on le sait, la chose tout autrement.

Aussi aurons-nous peu de peine à démontrer tout ce qu'aurait de funeste et d'illogique l'adoption d'un pareil système, qui ne repose sur aucun principe fixe et qui, loin de pouvoir être considéré, ainsi que vous l'avez cru, comme une transaction entre l'administration et l'industrie particulière, n'est propre qu'à entretenir, entre ces deux forces dont l'union serait si désirable, un perpétuel antagonisme. Veuillez donc nous suivre sur ce nouveau terrain.

[1] « Nous avons dit, dans de précédents écrits, que l'on pouvait estimer à 25,000 fr. par kilomètre le produit net des bonnes lignes aboutissant à Paris. L'expérience des chemins de fer d'Orléans et de Rouen, maintenant en exploitation, a confirmé pleinement cette estimation. » (BARTHOLONY : *Résultats économiques des Chemins de fer*, pag. 52.

III.

DES COMPAGNIES DE FERMAGE AVEC FOURNITURE ET POSE DES RAILS.

—

Ces Compagnies organisées, d'après le système mal compris de la loi de 1842, sont chargées de la fourniture et de la pose des rails, de l'ensablement, de l'entretien de la voie, de la fourniture et de l'entretien du matériel dont elles demeurent propriétaires.

L'Etat leur accorde en échange la concession du péage, pendant un nombre d'années dont le minimum jusques à présent a été porté à vingt-huit ans.

Ces Compagnies pêchent essentiellement, on le voit, par défaut d'unité.

Leur coopération dans l'*exécution* en fait des Comgnies de prêteurs, puisque cette coopération, comme nous l'avons dit, n'est, en ce qui touche la fourniture des rails, qu'une avance, un prêt d'argent.

D'un autre côté, leur intervention dans l'*exploitation*, en fait des Compagnies fermières ; et c'est là leur véritable caractère, leur mission sérieuse.

Les profits qui leur reviennent, en leur première qualité, doivent dès-lors se borner à l'intérêt de l'argent prêté.

Les bénéfices auxquels elles ont le droit de prétendre, comme chargées de l'exploitation, doivent, au contraire, être en rapport non-seulement avec les capitaux compromis dans cette exploitation, mais encore avec les risques courus, avec l'intelligence dépensée, le temps employé, les services rendus. Quelques chiffres feront encore mieux comprendre notre pensée.

Sur les 150,000 fr. à fournir par les Compagnies financières pour chaque kilomètre de chemin de fer, 100,000 fr. sont destinés à l'achat des rails, à leur pose, etc., et 50,000 fr. à l'achat du matériel.

Les 100,000 fr. consacrés aux rails forment le capital d'emprunt; les 50,000 fr. employés au matériel forment le capital industriel.

Le capital d'emprunt ne doit pas donner droit à autre chose que l'intérêt, *moyennant lequel le gouvernement pourrait se le procurer*, parce que, d'une part, la dépense à laquelle il doit faire face se calcule avec une précision telle qu'il n'y a, à ce sujet, aucun mécompte possible; et parce que, d'autre part, la recette qui en assure le remboursement en capital et intérêts, est garantie par les offres de ferme. Ce contrat ne présente donc rien d'aléatoire ni d'incertain. C'est purement et simplement, on le répète, une location d'argent, un emprunt.

Quant au capital industriel, il donne tout naturellement droit, en sus de l'intérêt, à un bénéfice en harmonie, ainsi que nous l'avons dit, avec les risques et le travail de l'exploitation.

Voilà toute notre pensée; nous espérons qu'elle aura été bien comprise.

Ainsi, aux capitaux prêtés, un intérêt;

Aux capitaux compromis, des profits proportionnés aux risques courus;

Au travail, le salaire;

A l'intelligence, le fruit de ses œuvres;

Et que le marin resté sur le rivage ne demande pas sa part de prise, puisqu'il n'a pas eu sa part de danger et de combat.

Le tort de la loi de 1842, c'est d'avoir englobé le tout; c'est d'avoir fait, de ces deux opérations si distinctes, une seule opération.

En associant le capital d'emprunt au capital d'industrie, elle a fait qu'on a pu l'associer à ses *exigences*, dont il eût certainement *rougi*, qu'on nous passe l'expression, s'il se fut présenté seul. De cette manière, on a pu demander sous une forme, ce qu'on n'eût pas osé demander sous une autre.

Vous voyez, Monsieur, jusqu'où peut mener un abus de mots.

Les Compagnies voulaient avoir l'exécution pour avoir les profits; c'était juste. Aujourd'hui, elles consentent bien à abandonner l'exécution à l'État, mais elles veulent en conserver les bénéfices; c'est trop. Nous ne parlons toujours, qu'on ne l'oublie pas, que du bénéfice réclamé sur le capital fourni pour les rails.

Le gouvernement sera-t-il de cet avis? Nous espérons bien le contraire; il a trop de soucis des intérêts qui lui sont confiés, et il en fera certainement moins bon marché qu'on ne semble disposé à l'espérer. Il examinera, avec le soin que commandent de si grands intérêts, toutes les combinaisons proposées; il comprendra qu'entre les divers systèmes, comme entre les diverses

Compagnies, il s'agit d'abord, et avant tout, d'une question de chiffres, en admettant, ce qui va sans dire, que des garanties seront données de part et d'autre, pour assurer l'exécution sérieuse des engagements pris.

Or, voyons, dans la réalité des choses, ce qui est demandé aux Compagnies financières, ou plutôt ce qu'elles offrent, toujours en ce qui concerne l'exécution, et en laissant de côté l'exploitation, puisque, sous ce rapport, elles sont précisément dans la même situation que les Compagnies fermières.

Le réseau primitif était de 3,600 kilom. Il est question maintenant de le porter à 4,000 pour satisfaire quelques nouvelles exigences.

Dans ce réseau se trouvent des lignes fort bonnes, il s'en trouve aussi des médiocres et des mauvaises, au point de vue des produits directs.

Les Compagnies, libres de choisir, prendront les bonnes, cela se conçoit, et laisseront les mauvaises; ou ne les prendront qu'avec des compensations, comme vous le dites vous même (page 34), de manière à rendre le sort des Compagnies égal.

Il en résultera qu'elles auront à faire à l'État, à raison de 100,000 fr. par kilom., une avance, au maximum, de 400 millions, qui n'aurait lieu, dans tous les cas, *qu'après l'exécution complète des travaux* à la charge de l'Etat; c'est-à-dire, dans quatre, cinq, ou six années au plus tôt, et qui alors, serait encore échelonnée sur un espace d'au moins quatre ou cinq ans. Ce qui ferait en tout dix années, temps réputé nécessaire pour le complet achèvement du réseau.

En échange, que demandent les Compagnies ?

Les produits pendant 28 ans au *minimum*.

Que valent ces produits ?

25,000 fr. nets par k., pour les bonnes lignes, c'est vous qui l'avez dit et prouvé.

Or, 4,000 kilom. à 25,000 fr. donnent un produit annuel de 100 millions [1].

L'Etat abandonnerait donc, aux Compagnies, la valeur de vingt-huit annuités de 100 millions, pour une avance qui en représenterait trente-quatre [2].

Nous nous bornons à poser ces chiffres, sauf dans le courant de la discussion, à en tirer les conséquences convenables.

Nous savons que l'Etat doit arriver à partage après

---

[1] Voir l'observation, faite à ce sujet, page 20.

[2] Intérêt à 4 pour 100 de 100,000 fr. qui seraient déboursés par la Compagnie pour les rails. . . . . 4,000 ⎫
                                               ⎬ 6,000
Amortissement du capital pendant vingt-huit ans. . 2,000 ⎭
Intérêt des 50,000 fr. employés au matériel. . . . 2,000 ⎫
                                               ⎬ 2,500
Amortissement de la moitié de cette somme, le matériel restant la propriété de la Compagnie. . . . . . 500 ⎭

Annuité représentant le déboursé total de la Compagnie. . . 8,500

En multipliant cette somme par les 4,000 kilomètres qui ont servi de base aux calculs, on voit que les débours des Compagnies équivaudraient à 28 annuités de 34 millions chacune.

un prélèvement déterminé ; nous savons que dans la supposition d'un produit net de 25,000 fr., il en doit recevoir 6,500 ; mais nous prouverons que les charges, mises à la résiliation, anéantissent et bien au-delà ces bénéfices ; c'est-à-dire que l'Etat aura à rembourser, à titre de résiliation, beaucoup plus qu'il n'aura pu recevoir à titre de partage [1].

Au surplus et en réduisant même à 18,500 fr. par k. la partie du produit net qui reviendrait aux Compagnies, elles auraient encore à recevoir 74 millions par an, plus l'indemnité de résiliation.

Or comment expliquer de pareilles exigences ? C'est ce que nous allons dire.

Ce qui empêche les Compagnies financières de faire des conditions acceptables.

Si les Compagnies financières font des demandes exorbitantes, ce n'est pas, qu'au point de vue individuel, elles soient proportionnellement plus exigeantes que les Compagnies fermières, mais uniquement parce que leur combinaison est mauvaise, et admet trop de parties prenantes. Cette combinaison les place dans la situation d'un fabricant qui, par suite de dispositions mal entendues, et travaillant sur un plan vicieux, emploierait trois ou quatre ouvriers au lieu d'un, et se verrait ainsi obligé de vendre ses produits plus cher, sans gagner davantage.

C'est ce qui met les Compagnies financières dans

[1] Voir la note A à la fin de l'ouvrage.

l'impossibilité de suivre les Compagnies fermières sur le terrain des chiffres. Pour le faire, ce ne serait plus à 46 ans et 324 jours, comme vous le demandez, qu'elles devraient fixer la durée de leur concession; ni même à 28 ou 30 ans, termes qui ont été posés par les derniers projets de lois; mais à 15 ou 20 ans au plus, pour les bonnes lignes.

Or, c'est chose impossible aux Compagnies financières, nous le savons bien; et cela par la raison fort simple que les *actions représentant les rails* ne peuvent se contenter de l'intérêt qui suffirait aux prêteurs, et que dès lors les Compagnies financières auront à répartir les produits de l'entreprise, sur un capital trois fois plus considérable que celui des Compagnies fermières.

Ainsi soit donné un revenu net de 18,500 fr. par kilomètre; la Compagnie financière qui les répartirait sur un capital de fr. 150,000, donnerait un dividende de 12 1/3.

La Compagnie fermière, au contraire, qui, sur ces 18,500 fr., n'aurait eu à payer que 5,000 fr. pour intérêt et amortissement des 100,000 fr. *prêtés*, pour les rails, aurait 13,500 fr. à répartir, sur son capital industriel de 50,000 fr., soit 27 p. 100.

On voit combien cette combinaison, si simple et si normale, permet à ceux qui l'ont adoptée de faire de meilleures conditions.

Votre armée, permettez-nous cette comparaison, étant trois fois plus forte qu'il ne faut, vous avez trois fois plus de bouches que nous à nourrir. Nous ne sommes ni plus habiles ni plus désintéressés, seulement nous sommes dans une position meilleure. Nous avons compris qu'il fallait éviter les *bouches inutiles*, et n'admettre à partage que les véritables *combattants*. Voilà tout notre secret, il vous appartient maintenant comme à nous ; faites-en autant, et vous pourrez réduire vos prétentions comme nous avons réduit les nôtres.

Le capital des rails doit être emprunté.

Le capital des rails doit être demandé à l'emprunt direct, qui le donnera à 4 p. 100, comme les 450 millions déjà empruntés pour la même destination [1]; et non à l'emprunt par concession qui le ferait payer 10 ou 11, ainsi que vous le reconnaissez vous-même en toute franchise.

Or, comment se fait-il que nous nous trouvions obligés de prouver une semblable proposition, et de soutenir sérieusement qu'il vaut mieux, pour un Etat emprunter à 4, qu'à 10 ou 11 [2] !

On dirait véritablement, à voir ceci, que la confusion est dans les langues, aussi bien que dans les têtes, tant on est venu à bout de brouiller les choses et les idées.

Et que donneraient donc les Compagnies en échange de ce surplus d'intérêt, de cette énorme prime ?

Du travail ? Non ; c'est l'Etat qui fait le chemin, et

[1] Cet emprunt a été négocié à 3 fr. 91 c. p. 100.

[2] Un revenu net de 25,000 fr. par kilomètre donnant 18,500 fr. pour la Compagnie, représente, déduction faite de l'amortissement de son capital, de 150,000 fr. 10 2/3, de ce même capital. (Voir, pour l'amortissement, la note de la page 35.)

la pose des rails n'est qu'une opération insignifiante et
qui ne peut se séparer du surplus.

Une garantie contre des risques de pertes? Aucune,
puisque cette partie de la dépense ne présente pas d'é-
ventualité, et qu'un minimum de recette plus que suf-
fisant pour payer le capital et les intérêts, est assuré
par les offres qui émanent des Compagnies fermières.

Est-il prudent d'ailleurs, est-il politique d'habituer
ainsi les prêteurs à de gros intérêts? Ne voit-on pas
qu'on augmente ainsi leurs appétits au détriment de
l'Etat, qui, lorsqu'il en aura besoin, les trouvera d'autant plus exigeants qu'ils l'auront trouvé plus facile!

Les Compagnies financières existantes ont toutes
donné un exemple qui est bon à suivre, et on serait
en droit de s'étonner qu'elles voulussent faire faire à
l'Etat, le contraire de ce qu'elles ont fait elles-mêmes.

En effet toutes, ou presque toutes ces Compagnies se
sont trouvées dans la situation où est le gouvernement,
c'est-à-dire dans l'obligation, pour achever leurs travaux
et poser leurs rails, de recourir aux capitaux étrangers.

Ont-elles aliéné, pour se les procurer, leurs concessions? Oh certes non! Ce ne sont pas elles qui font de
ces choses-là; elles ne sont pas si... bonnes! Elles ont
eu recours à l'emprunt, et s'en sont bien trouvées. Le
gouvernement s'en trouvera mieux encore; car l'Etat est,
à tout prendre, le meilleur, le plus solide des débiteurs.

Le gouvernement le pensera ainsi; il ne fera pas, pour
l'unique avantage des Compagnies, ce qu'en pareil cas
elles se sont bien gardées de faire elles-mêmes.

Mais si le gouvernement doit emprunter, le peut-il?

Cette question, que nous n'aurions pas osé poser, si nous n'y avions été forcés par les doutes qu'on n'a pas craint de répandre à ce sujet, sera, de notre part, l'objet d'un examen particulier. Nous discuterons, puisqu'on le veut, la *solvabilité* de la France, et nous verrons si l'on peut *sans trop de danger, lui prêter l'argent dont elle a besoin.*

Mais n'anticipons pas sur la discussion, et voyons comment vous justifiez les conditions auxquelles les compagnies subordonnent leur concours.

Des bénéfices des Compagnies, et ce qu'elles disent pour les justifier.

Vous annoncez, Monsieur, en parlant de la Compagnie d'Orléans, qu'elle gagnait, au moment où vous écriviez [1], environ 30 millions, soit 75 p. 100 du capital social. Aujourd'hui vous diriez 40 millions, soit 100 p. 100, ou 300,000 fr. par k., c'est-à-dire, juste de quoi le refaire une seconde fois ! De sorte que si tout le réseau avait été traité sur ce pied, les Compagnies auraient réalisé, et mis en caisse, douze cents millions !

Ce résultat vous *paraît beau,* vous voulez bien en convenir, mais vous ajoutez qu'il n'est *que la juste récompense des efforts persévérants* faits par la Compagnie pour créer, au pays, un pareil *monument.* Ce qui, suivant vous, aurait dû valoir mieux que « des attaques injustes ou « des épithètes injurieuses aux hommes qui ont *coura-*

[1] Les actions de cette compagnie étaient alors à 850 francs ; aujourd'hui elles sont à 1,017 fr. 50 c.

« *geusement* consacré leurs efforts, ainsi que vous le
« dites, au développement des travaux publics ; » ou, en
d'autres termes, aux hommes qui ont courageusement
daigné gagner 40 millions, après avoir très courageusement aussi, comme nous l'avons vu, tendu la main au
gouvernement et imploré la loi réparatrice du 15 juillet !

D'un autre côté, et à propos de votre nouveau système
de garantie réciproque, dont nous parlerons bientôt,
vous évaluez à 10 1/3 p. 100, les bénéfices que les Compagnies formées sur cette base retireraient de leur capital, ce qui ne vous paraît ni « excessif ni exorbitant,
« ni en désaccord avec les avantages assurés à la chose
« publique. »

Ces bénéfices vous semblent d'autant plus justes,
que d'une part, ils sont, suivant vous, en harmonie
avec les risques courus, et les services rendus ; et que
d'autre part ils ne coûtent rien à personne.

D'ailleurs, ajoutez-vous, n'est-il pas équitable que
les Compagnies gardent les profits qu'elles produisent ;
et serait-il plus raisonnable de voir l'Etat s'en emparer, que s'il s'emparait du monopole des affaires com-
merciales et industrielles, afin de se réserver les profits qui y sont attachés ?

Enfin, vous faites remarquer qu'on a d'autant plus
de torts de marchander avec les Compagnies, « qu'elles
ne sont autre chose, en fait, que le public, c'est-à-dire
tout le monde ; » d'où vous concluez que nous devons
nous *réjouir*, c'est votre expression, de ce qui a ainsi
augmenté la fortune de *chacun*.

Tels sont , en résumé , les moyens développés par vous, pour justifier les prétentions des Compagnies financières ; et il faut avouer que nous sommes bien mal avisés, après une pareille démonstration, de ne pas battre des mains, et de ne pas nous *réjouir* de ce que la Compagnie d'Orléans a bien voulu gagner courageusement 40 millions, afin d'augmenter ainsi la *prospérité générale;* et aussi de ce que les Compagnies qui se présentent, sont animées du même courage et des mêmes intentions , ce qui n'est certes pas moins réjouissant !

Ajoutons que c'est bien à tort, on le voit, que M. Muret de Bort [1] accuse les Compagnies financières de *guetter à la sourdine* des concessions à 10 p. 100. Il est évident que loin de guetter ces concessions à la sourdine, les Compagnies les assiègent au grand jour, et veulent les emporter de haute lutte; témoins vos aveux, certes, sans détours. Si donc on peut accuser les Compagnies de quelque chose, ce n'est pas assurément d'avoir manqué de franchise.

Vous parlez de risques, de chances de diminution dans les produits. Mais vous oubliez donc que ces risques, ces chances, sont plus que balancés par les

---

[1] Nous savons bien que les banquiers nourrissent l'espoir de placer leurs capitaux à 10 p. 100, dans les concessions bien choisies, qu'ils les guettent à la sourdine, tout en affectant de les dédaigner.

(*De la Nécessité de ne pas se dessaisir des chemins de fer, dans l'intérêt de la puissance publique,* etc., Par M. MURET DE BORT, député de l'Indre).

chances d'augmentation que vous avez pris vous-même le soin d'établir et de constater?

D'ailleurs, la *valeur* de ces risques est imputée sur celle des actions, dont le cours est réglé en conséquence de l'opinion qu'on se forme des chances bonnes et mauvaises auxquelles elles sont assujetties. Il n'en faut donc pas parler; et les bénéfices réels et positifs sont bien ceux qui sont accusés par le cours de la Bourse, puisque les détenteurs peuvent les réaliser, et se soustraire ainsi aux chances dont il s'agit.

Et c'est ici le cas de vous faire remarquer qu'il n'est pas exact de dire que les capitaux engagés dans l'industrie ne s'y établissent qu'à la condition de produire de gros intérêts. La cote de la Bourse est là pour prouver le contraire. Elle apprend que le taux moyen de l'intérêt produit par les actions des industries en plein rapport, est d'environ 4 p. 100. Lorsque les produits s'élèvent, le capital s'élève en même temps, et l'intérêt reste au taux ordinaire.

Ce ne sont donc pas ces capitaux qui jouissent de l'excédant d'intérêt que vous réclamez; cet excédant s'escompte, se convertit en capital, qui est immédiatement prélevé par qui de droit. De sorte qu'une concession donnant 10 ou 12 est revendue immédiatement sur le pied de 4 ou 5 p. 100. Aussi avez-vous dit, avec raison, que la Compagnie d'Orléans *gagnait* 30 millions, moyennant quoi les capitaux qui y resteront engagés, à leurs risques et périls, ne recevront plus que l'intérêt ordinaire.

N'accusez donc pas les véritables capitaux industriels, et ne mettez pas sur leur compte, une exigence
dont ils ne sont pas coupables, et dont c'est bien le
moins qu'on garde la responsabilité, quand on en
garde les avantages.

Vous prétendez que les bénéfices abandonnés aux
Compagnies ne coûtent rien à personne! Ce qui veut
dire, sans doute, que les sommes perçues sur la consommation, et à titre de péage, ne sont rien, et que
payer en détail, ce n'est pas payer!

Aussi affirmez-vous que, sans la garantie d'intérêt, par
l'État, la clause de cession *gratuite* de la voie, ne serait
pas justifiable; aussi répétez-vous sans cesse votre sentence favorite, à savoir que : « les travaux publics de
« viabilité, bien entendus, appuyés d'un tarif rémuné-
« rateur, profitent à tous, *sans rien coûter à personne.* »
Rien! mais ce n'est donc rien que ce qu'on paie pour en
user! Ce n'est donc rien, en ce qui touche, par exemple,
le chemin de fer de Paris à Orléans, que les cinq à six
millions qu'il en a coûté à ceux qui s'en sont servis l'an
passé! Vraiment, Monsieur, nous sommes à nous
demander si vous avez voulu parler sérieusement!

Vous affirmez encore que l'Etat ne doit pas exécuter
lui-même les chemins de fer, « parce qu'il n'est pas
« juste de faire payer à tous, ce qui ne profite qu'à
« quelques-uns. »

A ce compte, l'Etat ne devrait entrer pour rien dans
cette dépense; et pourtant vous demandez vous-

même qu'il en prenne à sa charge les trois cinquièmes.

A ce compte encore, l'impôt de consommation serait seul légitime, et le sol ne devrait être défendu que par ceux qui le possèdent, et proportionnellement à l'étendue de leurs propriétés.

Est-ce à vous d'ailleurs, Monsieur, qu'il devrait être nécessaire de rappeler que les chemins de fer profitent à tous, même à ceux qui ne s'en servent pas? car chacun boit, mange, se vêtit; et tout objet de consommation est plus ou moins grevé de frais de transport.

Aux personnes qui ont *osé exprimer le regret* de voir le gouvernement abandonner aux Compagnies des bénéfices qu'il eût dû se réserver, vous répondez qu'il serait aussi raisonnable de regretter que le gouvernement ne se soit pas emparé du monopole commercial et industriel, pour s'en assurer les profits.

Encore ici, Monsieur, nous nous voyons forcés de vous dire que votre réponse n'est pas sérieuse.

Le gouvernement agit et stipule pour la communauté qui se personnifie en lui, et il est de son devoir de la défendre et protéger contre les entreprises de l'intérêt privé. Le contraire serait félonie et trahison.

De leur côté, l'industrie et le commerce, c'est-à-dire l'intérêt individuel font leurs affaires aussi, et les font sans doute de leur mieux ; et l'Etat n'a rien à y voir. Ce sont deux sphères bien distinctes, et l'intérêt privé n'a pas plus de *droits* à être chargé des affaires publiques, que l'Etat n'en a à être chargé des affaires privées.

A vous en croire, Monsieur, le gouvernement devrait laisser exploiter le pays par les Compagnies, en toute liberté, et de la même manière qu'elles exploitent les affaires de commerce et d'industrie ; car c'est bien à ces conséquences que conduisent vos doctrines et vos raisonnements. La fortune publique appartiendrait aux Compagnies, que vous ne parleriez pas autrement.

Il est vrai que c'est à peu près votre opinion ; et puisque, suivant vous, les Compagnies, c'est tout le monde ; la fortune de tout le monde est bien évidemment la leur. Encore un peu, et nous ne désespérons pas d'entendre les Compagnies dire, avec Louis XIV : « *L'État, c'est nous !* »

Vous parlez beaucoup des *labeurs* des Compagnies ; des *services* rendus par elles ; et c'est un des motifs qui légitiment, à vos yeux, les bénéfices qu'elles revendiquent.

A vous entendre, en effet, ce sont elles qui créent et distribuent la richesse publique, et elles suffiraient certainement à tous les besoins du pays, si l'Administration, poussée par une odieuse jalousie, ne s'appliquait sans cesse à les contrarier, ainsi que vous l'en accusez.

Nous ne voulons pas trop contester les droits des Compagnies financières à la reconnaissance publique, mais encore serait-il bien de voir le fond des choses, et à cette fin de sortir, pour un moment, des généralités dans lesquelles vous les enveloppez.

Nous vous demanderons donc, Monsieur, ce que sont ces services et ces labeurs dont vous parlez.

S'agit-il des actionnaires?

Leurs labeurs consistent à attendre leurs dividendes, bons ou mauvais, qui leur arrivent, sans qu'ils sachent trop pourquoi, comme à nous la pluie ou le beau temps, la grêle ou la rosée.

Avez-vous voulu, au contraire, parler des employés, directeurs, administrateurs, de tous ceux enfin qui dirigent et gouvernent?

Mais les traitements, les indemnités, les vingtièmes nous semblent une compensation aux soins qu'on prend, aux peines qu'on se donne, aux services que l'on rend ; tellement que chacun, si nous sommes bien instruits, se dispute à ce prix, l'avantage de rendre de pareils services, de supporter de pareils labeurs.

Les services rendus au pays dans la magistrature, dans l'administration, dans l'armée, et qui ont bien aussi quelque mérite, reçoivent généralement moins bonne récompense.

Mais faut-il donc, vous écriez-vous pathétiquement, que les Compagnies « ne recueillent que la ruine en « récompense de leur labeurs ? »

Non, Monsieur, il ne le faut pas ; et vous savez bien que personne n'est assez sot pour le vouloir ; et nous moins que tous autres ; car nous aussi nous sommes *Compagnie*, et nous n'entendons certainement pas recueillir la ruine pour prix de nos efforts. Mais n'y a-t-il point de milieu entre un traité onéreux au pays, et un traité dommageable pour les Compagnies ; entre leur ruine et leurs exigences? Vous savez bien que le contraire est évident.

Nous pensons que l'Etat ne doit pas se laisser imposer une loi trop dure, mais nous voulons encore moins qu'il profite de la ruine de ceux qui se vouent à son service, comme cela arrive trop souvent des *petites* Compagnies et des *petits* entrepreneurs, pour le salut desquels on ne fait pas de lois *réparatrices*, et dont on confisque sans pitié les cautionnements.

Nous vous ferons remarquer, au surplus, et de nouveau, car il est extrêmement essentiel que cela ne se perde pas de vue, qu'il s'agit bien moins ici de limiter les bénéfices des capitaux *industriels*, que d'empêcher la confusion à l'aide de laquelle on voudrait faire envahir le domaine de l'industrie par les capitaux *d'emprunt*, au risque de les dégoûter pour toujours des placements de cette nature.

Nous ne trouvons donc rien, dans tout ce que vous avez dit, qui justifie le moins du monde les prétentions manifestées, et il ne nous semble pas que le moment soit encore venu, pour les Compagnies financières, de se poser en victimes.

Ne voyez-vous pas que, loin d'être opprimées, comme vous voudriez le faire croire, elles trônent et règnent! Leurs courtisans sont assidus et leur suite nombreuse; et il ne leur manque ni flatteurs, ni même, à ce qu'il paraît, l'esclave romain marchant derrière le char du triomphateur, puisque vous vous plaignez qu'on leur ait jeté à la face, les mots

de *grands fiefs et de retour à la féodalité*, toutes choses
qui ne sont, à vos yeux, que des *déclamations igno-
rantes ou passionnées*, et dignes du plus profond *mépris*.

Mais, s'il en est ainsi, Monsieur, quel nom faudra-
t-il donner aux mots que vous jetez vous-même sur
les idées de vos adversaires, sur les nôtres ; à ceux que
vous employez pour qualifier les actes et la conduite
de l'administration des ponts-et-chaussées?

Suivant vous, en effet, le système de fermage pur
et simple serait un système *bâtard ;* suivant vous les
compagnies formées d'après ce système seraient établies sur des bases qui manqueraient de *largeur* et de
solidité. Voilà pour nous.

Quant à l'administration des ponts-et-chaussées ,
elle obéirait, suivant vous , à de vaines considérations
d'amour-propre ; et guidée par les *vues étroites d'un intérêt mal entendu , elle manquerait au plus sacré de ses
devoirs*, et compromettrait essentiellement l'avenir et
la prospérité du pays , dans l'*ignorance* où elle est de
ses véritables intérêts ; à ce point que si sa conduite
n'était le résultat d'une erreur, elle serait un véritable
acte de *lèze-nation !* etc.

Ces accusations nous semblent un peu plus sérieuses
que celles de *grands fiefs et de féodalité*, qui vous ont
cependant si fort courroucé , et nous laissons à votre
loyauté le soin de leur donner le nom qu'elles méritent.

N'y aurait-il pas quelque avantage, Monsieur, à
renoncer à toutes ces récriminations qui nous feraient
prendre pour des gens se disputant une proie , bien

plus qu'ils ne chercheraient une **vérité?** Récriminations qui ne prouvent, trop souvent, que l'impuissance de ceux qui y ont recours.

Il nous semble qu'on n'a pas assez compris que ce
ne sont pas des hommes qui sont aux prises , mais
bien des idées, et que ce n'est pas plus pour vous que
pour nous , par exemple, que nous cherchons à faire
prévaloir celles que nous croyons bonnes. Le système que nous appuyons n'est certes pas notre propriété , pas plus que celui que vous défendez n'est la
vôtre.

Quand nous aurons fait triompher ce que nous
croyons être la vérité , vous pourrez vous présenter
en concurrence avec nous , car nous ne pensons pas
que la fourniture des rails soit une condition *sine
quâ non* de votre concours.

Vos opinions se sont déjà plusieurs fois modifiées,
pourquoi ne se modifieraient-elles pas encore ?

Vous pensiez que la garantie d'intérêt, avec concession de 99 ans était ce qu'il y avait de mieux ; maintenant vous préférez le système de garantie réciproque.
Encore un peu, et vous serez de notre avis.

Les hommes supérieurs ouvrent les yeux à la lumière
et la bénissent d'où qu'elle vienne. Ce n'est pas vous
qui souffleriez dessus, parce qu'elle vous serait appor-
tée par d'autres, car c'est le propre des esprits pauvres
et étroits.

La question d'argent à part, la pose des rails est
chose accessoire et insignifiante ; l'essentiel, c'est l'ex-

ploitation. Avec la loi du 11 juin qui a chargé l'Etat de l'exécution, il n'y a plus de possibles que des Compagnies fermières.

C'est dans l'exploitation, et dans l'exploitation seulement, qu'il y a de véritables services à rendre au pays; c'est là qu'il s'agit de créer, d'organiser; c'est là que l'industrie particulière pourra se développer avec succès, et montrer ce dont elle est capable. C'est là que le *feu sacré* de l'intérêt privé[1], comme vous le dites si naïvement, pourra vivifier ce puissant élément de civilisation et de transformation sociale.

A chacun donc sa mission :

Aux préteurs, l'emprunt;

Aux ingénieurs qui ont commencé la voie, son achèvement. Que celui qui a fait la maison y mette le toit; et surtout qu'après avoir emprunté à 4, pour la construire, on n'emprunte pas à 10 pour la couvrir; et qu'on respecte assez le gouvernement pour ne pas lui proposer des choses qui feraient interdire ceux qui l'imiteraient;

A l'industrie particulière, l'organisation, la création, la vivification de ces grandes entreprises. A sa main active et vigilante ce nouveau levier, dont la puissance n'a pas encore été suffisamment appréciée.

Ces réflexions nous amènent tout naturellement à

[1] Autrefois on disait : *l'amour sacré de la patrie;* maintenant c'est *le feu sacré de l'intérêt privé.* Comme ce mot, dans sa naïveté, peint bien notre époque d'émiettement et d'individualisme!

vous dire notre pensée des attaques que vous avez dirigées contre l'administration des ponts-et-chaussées, à
laquelle vous disputez l'exécution des chemins de fer,
bien que vous approuviez la loi du 11 juin qui la lui
a confiée, bien que vous disiez vous-même, et dans le
même écrit « que la coopération des ponts-et-chaussées
« serait incontestablement le moyen le plus efficace de
« hâter l'achèvement des chemins de fer. » Toutes choses qui doivent singulièrement s'étonner de se trouver
ensemble.

Il se peut faire assurément que l'administration des
ponts-et-chaussées ne soit pas exempte de torts ; mais
nous pensons que ces torts pourraient peut-être venir
de nos institutions, autant que de l'administration
même ; et que la lenteur qui lui a été si souvent re-
prochée pourrait bien être due aux difficultés qu'elle a
d'obtenir le vote des fonds nécessaires, plutôt qu'à la
négligence qu'elle mettrait à en faire l'emploi. La rapidité avec laquelle ont été poussés les travaux des
chemins de fer du Nord, de Montpellier, et d'Orléans
à Vierzon est de nature à justifier cette opinion.

Nous croyons bien que cette administration a un peu
trop l'esprit de corps ; qu'elle est trop exclusive, et
qu'elle manque quelquefois de bienveillance, et peut-
être de justice envers l'industrie privée ; mais sait-on
bien aussi, si ses préventions ne sont pas justifiées,
jusqu'à un certain point, par cette tendance de l'intérêt
privé, si prononcée de nos jours, à empiéter sur l'in-

térèt général, et à secouer le joug de l'autorité, de la règle et même des conventions ?

Les loups se sont toujours plaint des chiens et des bergers.

La centralisation, qui a ses avantages, a aussi ses inconvénients ; et si on a pu quelquefois comparer les étreintes de la hiérarchie administrative au lit de Procuste, n'est-il pas juste de considérer ses formes, quelquefois gênantes, comme un contrôle nécessaire, et une garantie contre le gaspillage et le désordre ?

Ce qui serait de nature à faire supposer que les torts reprochés à l'administration des travaux publics tiennent davantage aux choses qu'aux hommes, c'est que les Compagnies elles-mêmes ne manquent presque jamais de lui demander les ingénieurs dont elles ont besoin [1]. Le malheur des institutions et des hommes qui sont derrière, c'est de ne laisser voir que le mal qu'elles peuvent faire, et jamais celui qu'elles empêchent, parce qu'il n'existe pas.

Mais les torts dont nous venons de parler, fussent-ils réels, pourraient-ils autoriser les attaques sans mesure que vous avez dirigées contre l'administration des travaux publics ? Est-ce bien sérieusement que vous voulez que cette administration se borne à exécuter « les travaux d'utilité publique dont l'indus-

---

[1] C'est M. Julien, ingénieur en chef des ponts-et-chaussées, qui a dirigé les travaux du chemin de fer d'Orléans. Or, est-il raisonnable de supposer qu'il eut moins bien opéré pour l'État, que pour la Compagnie ?

« trie particulière aurait refusé de se charger , même
« au prix des plus grands encouragements ? »

Est-ce sérieusement que vous voulez que « l'indus-
« trie privée, dans ses rapports avec l'Etat, soit af-
« franchie de la tutelle d'une administration » que
vous représentez comme sa plus mortelle ennemie ?
Est-ce bien sérieusement, enfin, que vous demandez
l'abolition de ce que vous appelez, à chaque page de
votre écrit, le *monopole* des ponts-et-chaussées ?

Et s'il était vrai qu'il y eût monopole, mieux ne vau-
drait-il pas encore, *celui qui s'exercerait au profit de tous,
que celui qui s'exercerait contre tous* [1] ?

Mais tel n'est pas le cas, et le mot de monopole est ici

---

[1] Qu'est-ce que c'est que l'industrie des chemins de fer ? Un monopole qui n'apporte à la société des avantages nouveaux qu'à la condition de froisser bien des intérêts individuels depuis longtemps assis ;
monopole qui déjà à sa naissance défie toute concurrence, et qui, à
mesure qu'il se prolonge, en rend toutes les tentatives de plus en plus
infructueuses.

C'est la circulation de tout un pays, hommes et choses, livrée poings
et mains liés à une seule volonté. C'est effrayant à penser ; ce n'en est
pas moins vrai.

Que fera le monopoleur de l'exercice de ce pouvoir sans rivalité ?
Consultera-t-il les intérêts généraux ? Oui, s'il est l'Etat ; non, s'il est
une Compagnie. L'Etat travaille au profit de tous ; la Compagnie travaille au profit de ceux qui la composent ; et en cela rien que de très
légitime : les actionnaires ne mettent pas en commun leurs capitaux et
leur intelligence pour autre chose.

Assurément, quand le pacha d'Egypte concentre dans ses mains tout
le commerce de son royaume, il fait un acte absurde et odieux ; il dé-
truit ou comprime des industries qui, en pleine liberté, auraient grandi
dans la lutte des bras et des intelligences. Mais l'industrie des chemins
de fer n'est pas de ce nombre ; dans quelques mains qu'elle soit elle ne

un mot vide de sens. Les travaux publics sont, pour l'administration qui en est chargée, un devoir, une mission, et non pas un monopole. Autant vaudrait dire que le roi a le monopole de la royauté, les Chambres le monopole de la loi, les ministres le monopole de l'administration !

Et ce n'est pas en vain que nous nous élevons contre cette étrange accusation de monopole, car vous savez qu'on a fait de ce mot, par le temps et les choses qui courent, le cri de guerre de l'époque.

On veut prendre à l'Université l'enseignement, aux Ponts-et-Chaussées les travaux publics. On ne s'arrêtera pas là, et une machine ainsi disloquée, avec un *chauffeur* comme la presse, pourrait bien nous mener plus loin, que nous ne le voudrions tous ; car si les moyens diffèrent, le but des hommes honorables de tous les partis est le même.

Ne vous semble-t-il pas que nous nous laissons aller outre-mesure, à cet esprit de dénigrement, à cette manie de démolition et d'empiétement qui caractérisent notre époque ? Voilà bien longtems que nous avons la pioche à la main ; il faudrait peut-être prendre garde, tous tant que nous sommes, de ne pas trop lasser la Providence. Il y a un vieux proverbe italien qui n'a pas encore cessé d'être vrai.

saurait exister qu'à l'état de monopole : d'où la conséquence, pour tempérer ce monopole qui s'exerce contre tous, de le faire exercer au profit de tous ; d'où la conséquence que, monopoleurs pour monopoleurs, il faut préférer encore M. le ministre des travaux publics et M. le ministre des finances, à M. Bartholony et à M. le baron de Rothschild.

Muret de Bort.

IV.

DU SYSTÈME DE GARANTIE RÉCIPROQUE.

L'Etat, dans ce système, serait chargé des travaux d'art évalués par vous à fr. 200,000 par kilomètre. Il paierait en outre, lui ou les communes et départements, toutes les indemnités de terrain.

Voici en quels termes M. Muret de Bort, que nous avons déjà cité, s'exprime sur ce projet.

« Faut-il parler d'un système nouvellement édité, qui, appliqué au chemin d'Orléans, dans la supposition admise d'un revenu net de cinq millions, donnerait aux compagnies 18 p. 100 de leur capital, l'amortissement non compris.

Le promoteur du système n'indique pas à l'Etat le prêteur qui pourra lui fournir régulièrment à 5 p. 100 le capital des terrassements. Ce n'est pas là ce qui le préoccupe ; mais se faire donner trois cinquièmes, se faire garantir les deux autres, ne rien mettre au jeu et garder toutes les bonnes chances, voilà sa combinaison, voilà le remède énergique avec lequel il se propose de rendre la vie à l'esprit d'association, excellent médecin, un peu cher toutefois.

N'oublions pas que là encore il y aurait dix-neuf années à rachet pour ramener le système à la parité d'une concession de 28 ans. Dix-neuf annuités de 3,800,000 fr. font de quoi emprunter et amortir da le même espace de temps un capital de 50 millions.

N'oublions pas non plus que ce n'est qu'aux très bonnes lignes, comme celles du Nord et de Lyon, que s'adresse la faveur de cette combinaison. Quant aux moins bonnes, on déclare à l'avance qu'on serait obligé de demander d'autres sacrifices à l'Etat, on ne dit pas ce que l'on ferait des mauvaises, mais nous le savons de reste. »

Les Compagnies fourniraient les rails, évalués à 100,000 fr., et le matériel à 50,000 fr.

La concession serait, pour les bonnes lignes, de 46 ans et 324 jours.

L'État garantirait à la Compagnie, pendant ce temps, et à tout évènement, 4 p. 100 de son capital.

Il serait admis postérieurement à la Compagnie, à un prélèvement de 4 p. 100, aussi de son capital, mais sans garantie.

Le surplus des produits appartiendrait en totalité à la Compagnie.

Tel est le système auquel vous avez donné le si singulier nom de garantie *réciproque*!

Permettez-nous de traduire ce système en acte de Société, afin de le mettre un peu plus en relief. Cet acte serait ainsi fait :

Art. 1er. Il est formé une Société entre l'État d'une part, et la Compagnie du chemin de fer de Paris à..... d'autre part.

Art. 2. Le fond social est fixé à fr. 350,000 par kilomètre, sans compter le prix des terrains à acquérir.

Art. 3. L'État fournira fr. 200,000, plus les terrains à occuper ; la Compagnie fournira le surplus, c'est-à-dire fr. 150,000.

Art. 4. En représentation de sa part du fonds social, la Compagnie créera des actions au porteur, de fr. 500 chacune, et en disposera à son gré. L'État, au contraire, n'en pourra créer aucune, et n'aura nulle part dans les primes qui seraient obtenues à la vente de ces actions.

Art. 5. Les produits évalués à 25,000 nets par kil. seront attribués, savoir :

6,000 fr. à la Compagnie (ces 6,000 fr. lui seront garantis par l'Etat, qui les paiera au besoin de ses deniers.)

8,000 fr. à l'Etat, sans garantie.

Le surplus, montant à 11,000 fr. et formant les bénéfices de l'entreprise, appartiendra, savoir : 11,000 fr. à la Compagnie ; rien à l'Etat.

Ainsi la Compagnie recevra 17 sur 25, dont 6 garantis, et l'Etat 8 sans garantie.

Art. 6. Si les travaux d'art dépassaient la somme fixée, cet excédant resterait en totalité à la charge de l'Etat, qui doit exécuter tous les travaux chanceux à ses risques et périls.

Art. 7. Il est bien entendu que la Compagnie prélèvera, avant partage, et sur les produits bruts, tous frais, faux frais, honoraires de directeurs, administrateurs, etc., le tout au gré et suivant l'appréciation des parties prenantes, sans que l'Etat ait rien à y voir.

Art. 8. A la fin de la concession la voie appartiendra à l'Etat, et le matériel à la Compagnie.

Tel est, Monsieur, votre nouveau systéme de garantie *réciproque!*

L'Etat *garantira* 4 p. 100 à la Compagnie; il fournira tous les terrains ; il exécutera la voie à ses risques et périls.

Enfin sur fr. 350,000 de dépenses, « il en payera 200,000 » et la Compagnie 150,000 ; sur 25,000 fr. de produit, il en recevra 8, et la Compagnie 17 !

17 sur 25 ! c'est la part du lion, vraiment ; mais cette fois ce n'est pas au lion qu'elle échoit ; serait-il donc arrivé à ce point de faiblesse, de maladie ou de débonnaireté, qu'on eut pû retourner ainsi la fable !

Les charges et les risques au gouvernement, et les profits aux Compagnies financières, elles ne sortent pas de là, et en sont arrivées à ce sujet à un excès de franchise qui ne laisse vraiment rien à désirer. C'est à l'administration à faire son profit de ces avertissements [1].

Il nous reste, pour compléter la démonstration que nous avons entreprise, à vous parler des Compagnies fermières ; c'est aussi ce que nous allons faire.

---

[1] On lit dans un prospectus imprimé et publié par l'une des compagnies qui demandent la concession du chemin de Paris à Lyon :

« L'État court les grandes chances, celles dont l'appréciation est la plus difficile ; il supporte la plus forte part de la dépense.

« Par ce système l'industrie privée est à l'abri de toute chance fâcheuse. »

L'aveu est naïf et mérite d'être pris en avertissement. Ce prospectus n'est pas celui de la compagnie de l'Union.

V.

DU SYSTÈME DE FERMAGE SIMPLE, OU DES COMPAGNIES FERMIÈRES.

Le système de fermage simple, c'est l'exploitation débarrassée de toute participation à l'exécution; c'est la loi du 11 juin bien comprise.

Les Compagnies fermières, ce sont les hommes, la plupart spéciaux, qui se présentent pour se charger de cette exploitation, moyennant un prix de ferme, et à charge, d'une part, de fournir les capitaux nécessaires à l'établissement du matériel et au fond de roulement, évalué à 50,000 fr. par kil., et, d'autre part, d'entretenir le matériel, ainsi que la voie, à leurs frais.

Ainsi, dans le système des Compagnies financières, le prix de ferme s'escompte et se paie par anticipation pour toute la durée du bail; dans le système, au contraire, des Compagnies fermières, ce prix se paie aux échéances. Voilà toute la différence.

Avant la législation de 1842, on se disputait l'exécution; les uns la voulaient pour l'État, les autres pour les Compagnies.

Aujourd'hui, ce débat est clos; la loi du 11 juin a laissé l'exécution à l'État; les Compagnies fermières n'ont donc pas eu à se prononcer à cet égard; elles ont pris les faits tels qu'ils se sont produits, et y ont conformé leurs projets.

Et comme l'administration avait été chargée de l'exécution, elles ont pensé qu'il fallait la lui laisser tout entière, parce que l'unité d'action est un principe créateur; tandis que la diversité de volontés, de tendances et d'intérêts, qu'il ne faut pas confondre, avec la division du travail, est un principe de destruction.

Dès lors, il leur a paru que l'exploitation était devenue le lot de l'industrie particulière, d'autant que c'est dans cette partie si essentielle, si importante de l'œuvre commune, qu'elle peut mettre en relief et à profit les qualités principales qui la distinguent, surtout si l'exploitation est confiée aux hommes spéciaux actuellement en possession de l'industrie des transports, et dont l'éducation industrielle se trouve dès lors toute faite.

Ainsi, la création à la puissance publique, et l'exploitation à l'industrie particulière.

Tout mélange dans cette grande et belle division serait funeste à tous.

Les Compagnies fermières ont donc considéré comme un germe de guerre et de mort cette singulière et bizarre immixtion qui a été rêvée. Elles ont pensé que puisque l'emprunt était appelé à faire face à la partie

la plus éventuelle et la plus incertaine de la dépense,
il était raisonnable de l'appeler à faire face aussi à la
partie qui peut se calculer le plus exactement.

Avec ce système, l'État conserve sa liberté d'action
pendant les huit ou dix années qui seront employées à
la construction de notre grand réseau, de manière à
pouvoir adopter, sans en demander la permission aux
Compagnies financières, tous les changements qu'il
deviendrait utile d'introduire dans l'exécution, soit
sous le rapport des tracés, soit sous celui des procédés
de traction et de locomotion que la science a inventés
ou inventera, sans doute encore; et au nombre desquels on peut déjà citer le système des chemins de
fer atmosphériques.

Qu'une guerre survienne; que la France ait à lutter
encore contre tout, ou partie de l'Europe; qu'il lui
importe d'user, pour sa défense, de toutes ses ressources
d'hommes et d'argent; d'organiser des armées, au lieu
de construire des chemins de fer; de fabriquer des sa-
bres, au lieu de rails; des canons, au lieu de machines;
de faire de ses travailleurs des soldats; qu'adviendra-
t-il si le gouvernement a traité avec des Compagnies
financières, vis-à-vis desquelles il se sera lié, et qui
le sommeront de s'exécuter? Il faudra ou qu'il
subisse leurs exigences, ou qu'il manque à ses
engagements envers elles, ce qui serait également déplorable.

Tout nous présage une longue paix sans doute;
mais l'avenir ne dit ses secrets à personne; et pour-

quoi se mettre ainsi, le cas échéant, de pareils embarras sur les bras? Et cela de gaîté de cœur et sans aucune espèce d'avantage.

Mais, a-t-on dit, si l'État est abandonné à son libre arbitre, il négligera les chemins de fer, et se laissera arrêter par la première circonstance un peu grave, qui viendrait à surgir, tandis que les Compagnies, s'il traite avec elles, lui tiendront l'*épée dans les reins*.....

L'épée dans les reins! Et s'il est arrêté, il faudra donc qu'il la brise, cette épée, ou se laisse percer? Quand il aura la nécessité devant, et les Compagnies derrière, que fera-t-il? car la nécessité ne recule pas.

Un gouvernement qui, pour se mettre en garde contre lui-même, s'enchaînerait ainsi, et engagerait son avenir, serait un gouvernement insensé. Il imiterait un homme qui, pour s'interdire la faculté de sortir, se lierait les jambes, ou se ferait enfermer, aux risques, un incendie survenant, de périr victime de sa folie.

D'ailleurs, croit-on, qu'en cas de guerre, ou de grandes crises, les Compagnies ne s'arrêteraient pas? Elles se sont arrêtées pour moins que cela, en 1840.

En achevant les chemins exécutés par lui, et en les donnant à bail pour douze années, le gouvernement reste, à cette époque, maître de faire aux tarifs, les modifications que l'expérience et les mesures qui auront pu être adoptées par les nations voisines, auront certainement rendues indispensables [1].

Ajoutons que si, d'ici là, c'est-à-dire pendant la durée du bail de douze ans, des changements à ces tarifs étaient devenus nécessaires, il serait bien plus facile de s'entendre avec une Compagnie qui n'aurait engagé dans l'affaire qu'un capital restreint, qu'il ne le serait de traiter avec une compagnie qui se serait constituée sur un capital trois fois plus considérable. Il

[1] « Au point de vue des transports, toute l'utilité économique et commerciale de la loi des chemins de fer est dans l'exploitation.

La classification des marchandises et la tarification, voilà, le problème à résoudre.

Le gouvernement belge, qui a construit tous ses chemins de fer, qui les exploite sans contradicteurs, lutte depuis plusieurs années, avec une grande sollicitude, contre les difficultés de la question; une commission spéciale, dite commission des tarifs, a été instituée pour étudier les besoins du pays, et rechercher dans les résultats de l'expérience, quels sont les moyens de leur donner une juste satisfaction. Les nombreuses et fréquentes modifications qui ont été faites, les nouvelles combinaisons qui ont été récemment introduites dans leurs tarifs, et les différents essais faits par les Compagnies françaises, démontrent que ce problème n'est pas encore résolu.

Nous retrouvons, dans ce contrat de bail à ferme, le motif principal qui a inspiré la loi du 11 juin 1842, c'est-à-dire l'abréviation du temps pour lequel l'État aliène la jouissance d'une des voies privilégiées qui vont s'ouvrir au transport des choses et des personnes. Ici, se retrouvent aussi les vrais caractères du contrat de louage. l'État retient effectivement le domaine de la chose louée, et garde sur l'usage qu'il en transmet, une influence favorable à l'intérêt public. »

(Rapport fait au nom de la commission de la Chambre des députés chargée d'examiner le projet de loi relatif à l'exploitation du chemin de fer de Nîmes à Montpellier, par M. Lebobe.)

en serait de même en cas d'expropriation. On sait, par les canaux, ce qu'il en coûte à l'Etat, pour racheter sa liberté.

Enfin, comme les produits vont sans cesse croissant avec la circulation qui se multiplie par elle-même, il en résultera, qu'avec des baux de courte durée, cet accroissement de produits profitera à l'État, c'est-à-dire à tout le monde.

Avec des concessions de 28, 30, 40, 50 ans, au contraire, le gouvernement se prive bénévolement de ces avantages, il aliène sa liberté et l'avenir du pays; il se met à la merci des compagnies [1].

Nous savons que le cahier des charges confère à l'État le droit de résilier les baux au bout de la 12e année ; oui, mais au moyen de sacrifices énormes et dont on a pu apprécier l'importance par ce que nous en avons dit à propos de la Compagnie d'Orléans. Il nous semble donc impossible qu'on songe sérieusement à soumettre ainsi le pays à une rançon qui se compterait par centaines de millions?

Nous avons fait connaître les motifs qui doivent faire adopter le fermage simple, il convient maintenant de répondre aux objections dont ce système a été l'objet.

---

[1] « Ici sont conjurés, dans le bail à ferme, les inconvénients inséparables de contrats mixtes qui tiennent à la fois du louage et de la vente, et auxquels, sans les interdire, notre droit civil a refusé une place dans ses dispositions ; ici, enfin, on est heureusement dispensé de prévoir et de stipuler les formes et les conditions d'un rachat, dont on ne peut se défendre de pressentir la nécessité dans les autres systèmes de concession. » (*Rapport de* M. Lebobe, *déjà cité.*)

Objections contre le système de fermage simple.

Ce système si net, si raisonnable, si fécond, est loin pourtant d'avoir votre approbation. Suivant vous, en effet, cette combinaison ne serait « qu'un système *bâ-* « *tard* [1] excluant les grandes associations *largement* et *so-* « *lidement* constituées, et n'offrant d'autre alternative « que celle d'un bénéfice exagéré ou d'une ruine « inévitable [2].

Suivant vous encore, ce système nuirait à l'esprit d'association et ne permettrait pas d'intéresser la population des provinces dans les spéculations de chemins de fer, ce qui semblerait cependant d'une bonne poli-

---

[1] Pascal ne sut que répondre à un écrivain qui l'accusait d'être un *tison d'enfer*.

Notre embarras n'est pas moindre. Comment prouver, en effet, qu'un système n'est pas *bâtard ?* Cela n'est pas plus facile que de prouver qu'on n'est pas un *tison d'enfer*.

[2] Ce système des baux de simple exploitation qui exclut les grandes associations largement et solidement constituées, sans avoir aucun de leurs avantages, offre au plus haut degré l'inconvénient de laisser dans le vague le plus complet, le sort des entreprises, attendu que le capital étant plus restreint des quatre cinquièmes que celui nécessaire dans l'hypothèse posée par la loi du 11 juin, il doit en résulter, si les produits sont élevés, des dividendes monstres de 40, 50, 60 pour 100, et peut-être plus, tandis que si les produits sont faibles ou rendus nuls par des circonstances quelconques, ces circonstances deviennent une cause de ruine complète, alors même qu'elles ne seraient que momentanées, la courte durée du bail ne permettant pas à la Compagnie d'attendre des temps meilleurs.

(*Extrait de l'écrit de* M. BARTHOLONY, page 35.)

tique, parce que ce serait en même temps l'intéresser à la tranquillité du pays.

Examinons chacune de ces objections.

Du manque de solidité des Compagnies fermières.

Vous prétendez, Monsieur, que le système de fermage pur et simple *excluerait les grandes associations largement et solidement constituées.*

Et pourquoi, nous vous le demandons ? Car pour nous, nous ne pouvons comprendre ce qui manquerait, par exemple, à la solidité des Compagnies fermières qui se présentent, l'une pour le chemin du Nord, et l'autre pour le chemin de Paris à Lyon, avec des capitaux bien supérieurs à celui de bon nombre de Compagnies *financières*, dont la solidité n'est pas mise en question par vous [1].

Ajoutons à cela qu'il n'est pas exact de dire que le capital des Compagnies fermières est plus restreint des *quatre* cinquièmes que celui nécessaire dans l'hypothèse de la loi du 11 juin. Personne ne sait mieux que vous qu'on a évalué le matériel à 50,000 fr. par kilom., et les rails à 100,000 fr. ; or, 50,000 fr. forment le tiers, et non le cinquième de 150,000 francs !

Ce sera, au surplus, au gouvernement à ne traiter qu'avec des Compagnies *solides* et bien *constituées,*

[1] Le capital social de la Compagnie fermière du Nord est de vingt-deux millions ; celui de la Compagnie de Paris à Lyon, fixé d'abord à quinze millions, sera probablement porté à vingt ou vingt-deux.

qu'elles soient fermières ou financières, afin de ne pas avoir à recourir trop souvent à l'expédient des lois *réparatrices*.

Nous ne pensons pas, d'ailleurs, que la solidité d'une association se doive apprécier uniquement par le nombre de ses millions, mais bien davantage par l'excellence de sa combinaison, la moralité de son but, l'homogénéité de sa composition, l'habileté de son administration. On peut être moins grand, sans être moins solide.

Il y a mieux ; nous pensons que l'exagération du capital des Compagnies financières est un inconvénient pour elles, bien plus qu'un avantage; et nuit réellement à leur *solidité*, car, en pareille matière, tout ce qui ne sert pas, nuit.

Dans ce système, les trois cinquièmes des capitaux appelés, sont des capitaux *parasites*, qui, en venant prendre leur part des produits de l'exploitation aux chances de laquelle ils ne concourent pas, imposent, à ces sociétés, une charge sans compensation. Un lévier trop long est aussi un embarras.

Des inconvénients résultant, en cas de fermage simple, de l'incertitude des produits.

Vous dites, Monsieur, que si les revenus des chemins donnés à bail aux Compagnies fermières sont très élevés, ces Compagnies auront des dividendes *monstres ;* que s'ils sont très faibles, elles se ruineront.

Vous auriez pu ajouter, pour compléter votre démonstration, que si ces revenus sont ordinaires et raisonnables, les Compagnies fermières auront des revenus raisonnables et ordinaires.

A cette observation nous répondrons tout simplement : que ce sera au gouvernement à stipuler de manière à ne pas laisser aux Compagnies des dividendes *monstres* ; et aux Compagnies à faire leurs calculs et conditions, de façon à ne pas courir trop de chances de se ruiner ; et, à ce sujet, les lumières que votre expérience et vos publications ont jetées sur l'appréciation des produits présumés, permettront aux Compagnies fermières de réduire considérablement ces chances, auxquelles, au surplus, on est soumis aussi bien dans un système que dans l'autre. Il est vrai cependant que les Compagnies financières ont la ressource des lois *réparatrices !*

Au surplus, vous indiquez vous-même un moyen simple et facile de parer à cet inconvénient. Ce moyen, qui consisterait de la part des Compagnies fermières, à donner à l'État, au lieu d'un prix de bail ferme, une participation déterminée dans les produits nets de l'exploitation, ne trouverait probablement aucune résistance de leur côté.

Des obstacles que le système de fermage simple apporterait au développement de l'esprit d'association.

On a beaucoup parlé de l'esprit d'association, et de la nécessité de lui donner force et encouragement.

Nous sommes tout-à-fait de cet avis, et c'est précisément pour cela, c'est précisément parce que nous considérons l'esprit d'association comme un auxiliaire indispensable de la puissance publique, et comme l'agent le plus énergique de la civilisation ; c'est parce que nous sommes convaincus que sans lui un gouvernement serait impuissant à pousser la société dans la voie du progrès qui est sa loi vitale, que nous ne voudrions pas qu'on le compromît, en lui donnant les instincts de l'agiotage et du jeu [1].

[1] Si quelqu'un pouvait, à ce sujet, douter de la sincérité de nos paroles, nous lui dirions que la main qui a tracé ces lignes est aussi celle qui a écrit la page suivante, dans un document officiel récemment publié :

« L'esprit de spéculation sainement entendu, est, il faut bien le re-
« connaitre, l'agent le plus actif de la civilisation ; il anime et soutient
« le génie industriel qui invente et dispose ; le travail qui exécute et
« produit ; le commerce qui échange et transporte ; l'industrie, le tra-
« vail, le commerce, ces trois grandes nourrices du genre humain !
« Il n'est pas un objet à notre usage qui ne soit la conquête de l'esprit de
« spéculation ; pas une découverte utile à l'humanité qu'il n'ait inspirée
« ou fécondée. C'est lui qui nous alimente et nous vêtit ; c'est lui qui
« couvre nos mers de navires, et nos routes de voitures ; c'est lui qui
« éclaire nos villes avec le gaz, et sillonne nos fleuves avec la vapeur ;
« c'est lui qui répand partout la vie et le mouvement, et met en rapport
« les nations avec les nations, les hommes avec les hommes. Si donc l'es-
« prit de spéculation n'existait pas, il faudrait se hâter de le créer,
« car sans lui la vie et le sang se seraient bientôt figés dans les veines
« sociales ; sans lui la science ne serait plus qu'une lettre morte, la
« théorie un flambeau éteint, et l'art une idée muette, inféconde et sans
« traduction. En effet, le pays et les époques où on le vit fleurir,
« furent généralement des pays et des époques de spéculateurs et de
« marchands.

« On a remarqué que les hommes et les idées étaient plus spéciale-

Les Compagnies fermières grouperont autour d'elles, *associeront* à leur sort plus d'intérêts, plus d'individus que ne le pourraient faire les Compagnies financières, parce que les premières sont, en grande partie, des Compagnies de travailleurs qui resteront unis, et les autres, en grande partie aussi, des Compagnies de joueurs qui se sépareront dès que la partie sera jouée.

Comment l'esprit d'association pourrait-il animer des Compagnies où viennent aboutir des capitaux arrivant de tous points, sans lien, sans affinité, sans autre projet que de prendre leur part de la curée générale des chemins de fer, pour fuir ensuite, grossis du butin conquis, comme autrefois ces Compagnies franches qui s'assemblaient pour un coup de main, et se débandaient ensuite. Tout cela est si vrai que las d'attendre, ces capitaux commencent déjà leur retraite.

« ment élevés sur les points où règne et domine l'esprit spéculateur et
« aventureux ; or, n'est-il pas raisonnable de penser que tout ce qui
« porte aux grandes choses est grand ?

« Là, au contraire, où tout se fait terre à terre, et de la main à la
« main, l'homme s'étiole et se diminue, car notre âme se modèle
« presque toujours sur notre horizon ; elle se rétrécit s'il est étroit,
« elle s'agrandit s'il est grand. L'envie, qui rapetisse tout, traverse
« plus aisément la rue que les mers et l'espace.

« Personne n'aura confondu, nous le pensons, l'esprit de spéculation
« qui crée la richesse publique, et qui mérite toutes les sympathies
« qu'il obtient, avec l'esprit d'agiotage qui se borne à déplacer la
« fortune particulière, et qui est digne de toute la réprobation dont il
« est l'objet, l'agiotage qui n'est autre chose qu'un jeu souvent déloyal
« et coupable, et presque toujours funeste et dangereux. »

Vous savez, en effet, Monsieur, qu'on négocie à Londres, à Paris, à Lyon, et avec primes, les *promesses* d'actions à prendre dans des concessions non encore *promises*.

Et on appelle cela de l'esprit d'association ! Il faut dire de l'esprit d'agiotage, et de l'agiotage porté jusqu'à la frénésie.

Il nous semble, quant à nous, qu'il y a, dans tout ceci, quelque chose de profondément insultant pour le gouvernement. Il faut, en effet, qu'on le croie bien disposé à immoler les intérêts du pays, pour qu'on se rue ainsi sur ces affaires, et qu'on négocie à l'avance et à prime, les traités qu'on espère faire avec lui : sa succession serait ouverte qu'on n'en ferait pas davantage.

Il faut, pardonnez-nous cette expression, qu'on suppose que *l'ours gouvernemental* défendra bien mal sa peau, pour qu'on vende de la sorte, *l'espérance* qu'on a de l'avoir. Il faut qu'on se persuade qu'il en sera fait singulièrement bon marché, pour qu'on accourre ainsi, des quatre parties du monde, afin de se la disputer.

Vous voudriez, Monsieur, attirer vers les Compagnies de chemins de fer, les capitaux de nos départements, sous prétexte que ce serait attacher, de la sorte, leur population, à la tranquillité publique.

N'en faites rien, croyez-nous ; laissez, ces braves gens à leurs habitudes paisibles. Leurs capitaux les embarrassent peu. Les placements sont faciles et avantageux dans nos départements, rongés encore, pour la plupart, par l'usure. L'argent afflue sur les grands marchés ; mais partout ailleurs il est rare et cher. Ce ne sont pas des placements qu'il faut à nos cultivateurs, à nos commerçants, à nos petits propriétaires, mais bien plutôt de l'argent ; au lieu de leur en demander, il faudrait leur en prêter.

Ainsi, ne prenez pas souci d'eux, sous ce rapport, et n'attirez pas leur argent à la Bourse, parce qu'il n'en sortirait probablement pas.

Aux objections que nous venons de réfuter, on a ajouté deux espèces de *fin de non recevoir*, dont nous devons également parler.

On a prétendu que l'Etat, qui devait se charger de l'exécution des chemins de fer, devait aussi se charger de leur exploitation, et repousser les Compagnies fermières, aussi bien que les Compagnies financières.

On a dit, d'un autre côté, que l'emprunt qui, dans le système de fermage simple, était indispensable, pourrait éprouver des difficultés.

Nous devons faire observer que vous êtes étranger à ces objections.

En effet, comme nous, vous pensez que l'exploitation des chemins de fer doit être abandonnée à l'exploitation particulière.

Comme nous, vous avez, dans le crédit de l'État, une confiance sans bornes.

Ce n'est donc pas à vous que s'adresse cette partie de notre réponse.

VI.

DE L'EXPLOITATION DES CHEMINS DE FER PAR L'ÉTAT.

L'excès en tout, on l'a dit, est un défaut. Si l'administration ne doit pas se laisser envahir et absorber par l'industrie privée, il ne faut pas non plus qu'elle se fasse envahissante et exclusive; il ne faut pas qu'elle repousse des forces et un concours qu'elle peut utiliser dans l'intérêt du pays. Toute tentative de cette nature serait une faute grave, et légitimerait les accusations qu'on lui prodigue.

La machine administrative se compose de rouages puissants, à coup sûr, mais fort compliqués; son action, qui se transmet du centre à la circonférence, ne peut pas toujours rayonner avec la rapidité désirable. Ce principe d'impulsion centrale est un élément de force assurément; mais la force ne s'acquiert qu'aux dépens de la vitesse; aussi cette machine excellente pour les cas ordinaires, serait-elle impropre à tout ce qui exigerait, de sa part, une grande célérité dans ses mouvements.

Qu'il s'agisse de l'exécution régulière et suivie de quelques grands travaux ; des chemins de fer, par exemple ; de ces travaux qui se font, s'il est permis de s'exprimer de la sorte, à l'année et non pas au jour ; cette machine fonctionnera à merveille, parce que là, tout est prévu, calculé, arrêté ; de sorte que l'impulsion une fois donnée, l'ordre une fois parti, l'exécution ne trouve plus d'entraves.

Mais il serait loin d'en être de même s'il s'agissait, comme c'est ici le cas, d'une immense gestion qui donnerait lieu tous les jours, toutes les heures, à des incidents, à des faits imprévus, et qui exigerait une spontanéité et une rapidité de détermination, un arbitraire de direction, une unité de vue, une hardiesse de décision qui ne peuvent pas se concilier avec nos formes compliquées.

L'administration est obligée de marcher dans le sillon que la loi et les règlements tracent sous ses pas ; c'est une garantie contre des écarts, mais c'est aussi un obstacle au progrès. Or l'exploitation des chemins de fer est avant tout une œuvre d'étude et de progrès. Il ne suffit pas de marcher, il faut améliorer.

L'administration est peu propre à cette tâche ; ce n'est ni l'habileté, ni la volonté qui lui manquent, c'est la liberté. La lui confier serait donc un tort. Il n'y a de bien et d'utile, que ce qui est à sa place.

L'exploitation des chemins de fer, nous l'avons dit, c'est du commerce, c'est de l'industrie ; et l'administration doit, autant que possible, s'abstenir de l'un et de l'autre. Elle ne doit pas s'user, se commettre dans les frottements réitérés auxquels la direction de ces entreprises se trouvera sans cesse exposée [1].

Ajoutons que l'industrie particulière trouve, dans les impulsions de l'intérêt privé, un stimulant vivace et actif, qui la talonne sans trêve ni relâche, et la pousse en avant, c'est-à-dire au progrès; tandis que cet aiguillon dont rien ne saurait remplacer l'infatigable énergie, manque toujours à l'administration et souvent même aux trop grandes compagnies, alors que les chefs jugent opportun de *retirer leur épingle du jeu,*

---

[1] « L'exploitation d'un chemin de fer est une entreprise industrielle qui entraîne à sa suite une responsabilité civile et commerciale à laquelle le gouvernement ne doit pas s'exposer. La plus légère infraction aux conditions de transport, les erreurs de direction dans l'expédition des marchandises, les moindres retards dans leur arrivée, enfin le plus petit accident, donneraient lieu à des demandes en dommages-intérêts et en réparations civiles qui seraient d'autant plus légèrement accueillies, que les parties demanderesses auraient l'État pour débiteur. Il faudrait créer une administration spéciale, cumulant des attributions qui dépendent aujourd'hui des ministères de l'intérieur, des travaux publics et des finances, une légion d'employés capables et d'agents spéciaux, au choix desquels l'intérêt direct, l'indépendance absolue et l'activité persévérante de l'industrie privée ne suffisent pas toujours. Il faudrait aussi organiser et entretenir à grands frais des ateliers de construction, de réparation, et une comptabilité de matières qui présente tant de difficultés pour nos administrations publiques.

« Il semble que le gouvernement accomplirait sa mission, en créant ces grandes voies de communication, et en en rendant l'accès également facile à tous les citoyens, à toutes les industries. »

(Rapport de M. Lebobe, déjà cité.)

et délaissent la gestion, pour la confier à des mains étrangères et salariées.

Les Compagnies fermières présentent, par leur composition, des garanties contre cet inconvénient. Le système d'après lequel elles sont formées nous semble donc être incontestablement celui qui fournit à l'État le meilleur moyen de mettre à profit l'indispensable concours de l'industrie particulière.

Si quelques doutes pouvaient encore s'élever à ce sujet, nous pourrions citer, pour les dissiper, un fait fort concluant assurément. Ce fait, c'est la Compagnie du chemin de fer de Paris à Orléans qui le fournit.

En effet, cette Compagnie a montré qu'elle possédait, au suprême degré, les qualités organisatrices dont nous venons de parler.

Si elle a donné comme Compagnie *financière*, l'exemple regrettable d'une Compagnie qui recule devant ses engagements, elle a, comme Compagnie *fermière*, fourni au contraire, l'exemple encourageant d'une Compagnie organisant avec une grande intelligence, l'œuvre nouvelle et difficile de l'exploitation des chemins de fer; service important et qu'on doit d'autant plus apprécier, qu'il a mis à la disposition du pays, des lumières qui le guideront dans les déterminations qu'il est appelé à prendre.

Si donc, cette Compagnie n'est pas exempte de blâme, en ce qui touche l'*exécution*, elle est certainement digne de tous éloges, pour ce qui a rapport à l'*exploita-*

tion. D'où il faut conclure qu'elle a fourni, en même temps, dans cette question, deux arguments également inattaquables; l'un, contre les Compagnies financières; l'autre, pour les Compagnies fermières.

Il nous reste à parler des prétendus obstacles que le gouvernement serait exposé à rencontrer, pour obtenir, par voie d'emprunt, le capital des rails qu'il voulait demander aux Compagnies financières, par voie de concession.

VII.

DE L'EMPRUNT.

On assure que le gouvernement *n'ose* pas demander
à l'emprunt le capital offert par les Compagnies; on
va jusqu'à dire que M. le ministre des finances aurait
peur, en repoussant ces Compagnies, de se brouiller
avec nos Brennus financiers qui menaceraient encore,
et toujours, de jeter leur épée d'or, dans la balance où
se pèsent nos destinées.

Rien de cela n'est possible; et on calomnie évidemment M. le ministre des finances. Il sait que le pays
ne souffrirait pas plus qu'on l'abaissât devant la puissance de l'or, qu'il ne consentirait à s'abaisser devant
la puissance du fer.

Ce n'est certes pas que nous aimions à voir diriger
contre les grandes situations financières, de vaines et faciles déclamations; c'est le contraire qui est vrai, car
nous savons quelles ont leur utilité providentielle; aussi
n'est-ce pas contre leur puissance que nous nous élevons, mais contre le mauvais usage qui en est fait
quelquefois.

Nous savons aussi que le gouvernement ne se fait pas
comme un livre ou un journal, et qu'autre chose est
la facile théorie du cabinet, autre chose la pratique
épineuse des affaires; nous savons qu'il vit de faits et
non d'abstractions; nous savons que lorsque de hautes

situations se produisent, lorsque des puissances in-
fluentes se manifestent, et l'argent en est une assurément fort considérable, le gouvernement doit en faire
état, et compter avec elles ; mais compter n'est pas ca-
pituler.

Il n'y a pas de forces inutiles, pas plus dans l'ordre
physique que dans l'ordre moral et social, il n'y a que
des forces mal employées. C'est au gouvernement qui
doit s'aider de toutes celles qui se produisent, et ne se
laisser dominer par aucune, à les faire converger toutes
vers l'intérêt général. Et ici il sera d'autant plus facile de faire l'application de ces principes, qu'en vérité, le concours demandé se borne à bien peu.

De quoi s'agit-il en effet ?

D'inscrire au grand livre de la dette publique,
quinze millions au plus, de rentes 3 pour 100 [1].

Cette émission doit-elle être immédiate ?

Certainement non, puisque la dépense à laquelle
elle doit faire face ne s'effectuera que pendant un espace
de temps qui ne saurait être moindre de dix années !

---

[1] 15,000,000 fr. de rentes 3 pour 100, négociées à 80 pour 100
seulement, donneront les 400 millions, dont les Compagnies auraient à
faire l'avance pour les rails du réseau complet de 4,000 mètres, en
supposant même que, contre toute vraisemblance, elles n'en rebutas-
sent aucune partie.

Or comme la rente 3 pour 100 est à 85, cette négociation laisserait
sur les cours actuels, une marge de 15 millions ! Il nous semble qu'un
pareil profit devrait paraître de nature à satisfaire l'ambition la moins
modérée, et faciliter singulièrement l'emprunt.

Ainsi donc tout se borne à dix émissions annuelles d'un million et demi de rentes ! !

Mais cette émission est-elle possible ?

Il nous semble voir, à cette question, la rougeur monter à tout front français.

Comment ! Il ne serait pas possible de placer à 80 p. 0/0, un emprunt de quinze millions de rentes 3 p. 0/0, payable en dix années, dans ce moment où ce fond là même est à 83 ; où le 5 pour 100 est à 125, le 4 à 106, et où on ne trouverait pas une action industrielle même, rendant plus de 4 pour cent ;

Dans ce moment où l'argent afflue de toute part ; où le gouvernement ne sait que faire de celui que lui versent les caisses d'épargne ; où les banques nouvellement créées battent incessamment monnaie ; où mille compagnies de chemins de fer et autres émettent une quantité toujours croissante de valeurs fonctionnant au même titre, et augmentent ainsi d'une manière démesurée le signe représentatif de la richesse publique, ce qui en explique la dépréciation toujours croissante ;

Dans ce moment où l'Angleterre qui, ainsi que la Suisse, nous inonde de ses capitaux sans emploi, va convertir son 3 1/2, en 3, pour une somme de six milliards 250 millions ; où sa Banque a une réserve de quatre cent millions ; où Naples, la Belgique et la Pologne elle-même, réduisent l'intérêt de leur dette ; où le Piémont vient de placer à près de 20 pour 100 de prime son dernier emprunt !

Et la France, qui a imprimé ce mouvement, serait

seule impuissante à en profiter ! Et le crédit qui s'en va offrant partout ses faveurs dédaignées, refuserait à notre pays la confiance qu'il accorde à des nations de l'ordre le plus secondaire; comme s'il manquait de foi dans son avenir, ou de confiance dans sa probité !

Et le gouvernement qui trouve de l'argent à emprunter quand il s'agit de combler un déficit, de faire des dépenses improductives, verrait la confiance lui faire défaut lorsqu'il ouvrirait un emprunt dont l'effet immédiat sera d'augmenter les revenus et la prospérité du pays, et d'accroître la fortune publique! Cela n'est pas possible, et nul n'oserait le penser, et encore moins le dire !

D'ailleurs, si les capitaux offerts par les nombreuses Compagnies qui se sont formées existent, il faudra bien qu'ils entrent dans l'emprunt, à défaut de concessions. S'ils n'existent pas, s'il ne s'agit, pour la plupart de ces souscriptions, que d'*un jeu sur parole*, et nous serions assez disposés à le croire, il ne faut plus se préoccuper de la crainte qu'on a si souvent manifestée de les voir repoussés.

L'État est, en fin de compte, le meilleur débiteur, et si les capitaux aiment à traverser la Bourse, pour aller au Trésor, c'est afin d'y butiner en passant, mais non par manque de confiance.

On a dit que le tiers déja émis du dernier emprunt était encore à classer, et on craindrait qu'une nouvelle émission ne fît baisser la rente.

Nous répondrons d'abord : que ce non classement

du dernier emprunt est un mot vide de sens, et qu'une rente émise et payée est une rente classée.

Si les premiers détenteurs la possèdent encore, c'est qu'il leur a plu de la garder ; car les acheteurs ne manquent pas à la Bourse, Dieu merci ; ce que prouvent de reste, l'élévation et la fixité des cours.

Il faut remarquer aussi que l'emprunt se placerait d'autant mieux, que de longs termes seraient donnés aux preneurs pour les paiements, puisque l'emploi ne doit s'en faire que dans une période de huit à dix années.

Nous sommes fort aises, au surplus, qu'on nous ait amenés sur le terrain de la Bourse, ce qui nous fournira l'occasion et nous donnera le droit d'apprécier, à ce point de vue, l'influence que devrait exercer, sur le crédit public, une émission de rentes, comparée, sous ce rapport, à une émission d'actions.

Des rentes. — Des actions. — De leur influence sur le crédit public et sur la Bourse.

De tous les fonds, la rente est celui qui, à raison de sa masse, à raison des racines profondes qu'elle a jetées dans le pays ; à raison de la fixité de son revenu, résiste le mieux aux secousses de la Bourse, et se prête le moins au jeu. Sa masse même contribue à sa solidité, tellement qu'on pourrait dire que l'accroître c'est la fortifier, à charge pourtant de ne pas dépasser certaines limites, dont l'exemple de l'Angleterre prouve que nous sommes encore fort éloignés.

Ses destinées sont celles du pays , elle souffre avec lui, et prospère avec lui ; de sorte qu'à ce point de vue, il serait exact de dire que chaque inscription est pour lui un ôtage, et que le grand livre est la meilleure de ses citadelles.

Or, quel effet pourrait produire, sur un fond pareil, une émission annuelle de quinze cent mille francs de rente, pendant dix ans ; et le bon sens ne suffit-il pas pour faire justice des craintes irréfléchies qui ont été manifestées à ce sujet ?

Mais ce crédit, pour lequel on montre tant de sollicitude, n'a-t-il donc rien à redouter de cette nuée d'actions qui viendront envahir la bourse, si on demande aux Compagnies, l'argent que la rente donnerait si aisément ?

Car il ne faut pas oublier que, d'une façon ou de l'autre, le capital des rails sera représenté à la bourse. Si on n'émet pas des rentes, on émettra des actions qui, bientôt grossies des primes dans lesquelles on *condense*, sous forme de capital, les espérances de l'avenir, absorberont dès lors, une masse de capitaux bien plus considérable, que ne le ferait la rente[1].

Mais quel sera l'effet de ces émissions d'actions, sur

[1] Les actionnaires du chemin de fer d'Avignon à Marseille ont versé 150 fr. par action, soit 6 millions. Cette somme demandée à la rente eût exigé une émission de 180,000 fr., qui n'aurait absorbé que le capital versé de six millions.

Les actions, au cours actuel, représentent ou absorbent un capital de 14 millions, c'est-à-dire 133 pour 100 de plus que ne l'eût fait la rente. Qu'on étende ce calcul à tout le réseau, et on verra que les chemins de fer ne profiteront pas de la moitié des capitaux qui y entreraient et que la spéculation en enlèverait immédiatement une part qu'on n'ose pas calculer.

le crédit? Cet effet est aisé à prévoir; il suffit, pour en juger, de se rappeler ce qui est déjà arrivé.

Diviser pour régner est une maxime qui est encore plus vraie à la bourse que partout ailleurs. Pour régner là, ce qui importe avant tout, c'est d'avoir sous sa main des fonds qu'on puisse maîtriser et qui, cependant aient assez d'importance pour alimenter le jeu et fixer l'attention.

La Bourse, on l'a dit, est un tapis vert; trop grand, il est difficile de l'attirer à soi; trop petit, on a de la peine à l'aborder, et les joueurs ne sont pas assez loin.

Il n'est pas d'épaule assez forte pour ébranler la rente; c'est un chêne puissant dont les racines descendent jusque dans les entrailles du pays, et que le feu du ciel seul peut atteindre. Mais que sont ces mille valeurs et actions, de toutes natures et couleurs qui inondent la bourse? De vains et fragiles roseaux qui plient sous le vent de la spéculation, et que la main qui domine-là, courbe au gré de ses projets; une troupe indisciplinée, sans chef, sans drapeau, prête à jeter le désordre partout où elle passe, et qui menace de faire, de la Bourse, une Babel financière, où il deviendra bientôt impossible de s'entendre.

On sait que les opérations de bourse sont généralement des opérations de jeu. Le vendeur n'a pas ce qu'il vend, l'acheteur n'a pas l'argent nécessaire pour payer ce qu'il achète. Ces opérations se règlent par des différences; et on *exécute*, c'est le mot usité, ceux qui ne peuvent pas payer.

Or, on comprend qu'il suffit à une main puissante de faire acheter tout ce qui se présente, chose facile quand il s'agit d'un fonds dont l'importance ne dépasse pas ses forces. Puis, la liquidation venue, l'acheteur au lieu de recevoir les différences, exige la livraison des titres ; et comme ces titres sont tous en ses mains, il y met le prix qu'il veut.

Qu'il lui plaise ensuite d'amener un mouvement contraire, il opérera en sens inverse, et arrivera de la même manière à ses fins [1].

Le cours de toutes ces actions, et par suite la fortune et le sort des spéculateurs qui y touchent, sont donc pleinement à la disposition de ceux qui jugent convenable d'en faire leur champ de manœuvres, soit à raison de la force du levier dont ils disposent, soit à raison de l'incertitude et de l'inconnu dans lesquels sont plus ou moins enveloppés les éléments qui constituent la valeur de ces actions [2].

[1] On peut même imprimer à ces fonds les mouvements les plus considérables, en opérant sur soi-même ; c'est-à-dire en faisant acheter par un agent, ce qu'on fait vendre par un autre ; le tout au cours qu'on fixe à son gré, à la hausse ou à la baisse, suivant qu'on veut faire hausser ou baisser.

[2] Il est difficile de se rendre un compte exact de la fabuleuse crédulité des gens de Bourse, et de la facilité avec laquelle on accrédite là les contes les plus ridicules.

On viendrait dire à la Bourse qu'on a trouvé le moyen de cultiver la betterave entre les rails des chemins de fer, et d'en doubler ainsi les produits, qu'on trouverait des gens disposés à le croire, et à opérer en conséquence !

Les badauds de Paris, si célèbres cependant, sont des aigles comparés aux badauds de la Bourse.

Aussi est-ce chose dolente à voir que la facilité
avec laquelle s'opèrent ces immenses coups de filets,
véritables *razzias*, dont l'effet immédiat est de convertir en lingots d'or au profit des hauts et puissants
Emirs de la finance, le patrimoine, les économies, et,
comme conséquence, la ruine, les larmes, le désespoir
de cette malheureuse population attirée dans l'abîme,
par ce fatal mirage de la Bourse [1]. Quoiqu'on fasse, il

[1] La banque est le commerce du papier; un banquier facilite les
échanges, et par son entremise et son crédit, il opère la balance et
la liquidation entre les divers comptoirs du monde.

Rien n'est plus grand, plus beau, plus utile. Un souverain
ne commande que dans ses états, un banquier est roi sur toute la
terre. Il n'est pas une caisse qui ne s'ouvre sur son ordre; pas
un homme qui ne se mette en mouvement au premier signe de sa
volonté! La banque, c'est encore cette magique puissance du crédit, sur l'ordre de laquelle les capitaux sortent de toutes les caisses,
pour venir en aide aux gouvernements et aux nations. Contrats dangereux, mais qui ont leur grandeur, et leur utilité!

Est-ce là ce qui se voit à la Bourse, et quels sont les services qui
puissent être considérés comme une compensation des profits qu'on y
fait sur les actions? Pourquoi y gagne-t-on aujourd'hui trois ou quatre
millions? Par la raison que, par une manœuvre habile, on aura fait hausser ou baisser tel fonds. N'est-ce pas la vérité?

Ce n'est là, ni de l'industrie qui crée, ni du travail qui produit, ni du
commerce qui échange, ni de la banque qui nivèle liquide et balance,
ni du crédit qui prête; c'est du jeu..... Mais non, ce n'est pas
même du jeu; car ce n'est pas jouer que de voir le dessous des cartes!
Toutes nos réflexions sont donc étrangères à la banque, à la véritable
banque, elles ne s'adressent qu'au jeu de la Bourse.

Nous serions-nous trompés et les choses se passeraient-elles autrement que nous ne l'avons dit? Nous en serions fort aises; mais alors
nous demanderions comment il se fait que ce soient toujours les mêmes
qui gagnent!

y a toujours un peu de boue et de sang, sur l'argent qui vient de là.

Ceux qui sont étrangers à ces mystères, nous accuseront peut-être de vouloir faire du drame, en racontant ces choses ; mais ceux qui connaissent la Bourse, avoueront que nous n'avons fait qu'une simple histoire. Ils savent que ce terrain est semé de pièges et de chausse-trapes ; qu'on n'y fait que la guerre d'embuscades ; qu'on n'y connaît ni drapeau, ni amis, ni patrie ; qu'on n'y a qu'un amour, l'argent ; qu'une pensée, l'argent ; qu'un mot, toujours l'argent ; **que** c'est en un mot une maison de jeu, où, trop souvent, l'on joue avec des dés pipés, et des cartes marquées.

Or, comme, en fait de crédit, tout se lie, il doit demeurer évident que rien n'est plus dangereux pour la rente, que le voisinage de tous ces fonds publics au petit pied ; voisinage qui, d'une part, tend à la faire délaisser, et qui, d'autre part, l'expose à subir d'une manière plus ou moins directe, les influences fâcheuses résultant, pour le crédit public, de ces fréquentes paniques, qui, bien que fondées le plus souvent sur des motifs imaginaires, n'en sont pas moins funestes, et se communiquent, de l'actionnaire au rentier, comme la peur qui les fait naître. Le *sauve-qui-peut* parti d'une bouche de goujat peut mettre en déroute la plus belle armée.

Nous dira-t-on que ces misères sont une nécessité du crédit public ? Nous ne le pensons pas. Mais, en fût-il

ainsi, qu'il serait encore convenable que le gouvernement, s'il n'y trouve pas de remède, n'aggravât pas le
mal en se prêtant à des combinaisons dont le résultat
sera de multiplier à l'infini des valeurs qui, par leur
inconsistance et leur mobilité, fournissent à ce jeu fatal,
un déplorable et mortel aliment.

C'était sans doute la pensée qui animait la Chambre
de commerce de Lyon, lorsque, consultée sur le chemin de fer de Marseille à Avignon, elle émettait le
vœu que l'Etat se chargeât de l'exécution des chemins
de fer, pour les soustraire *à la dévorante spéculation
des actions;* et qu'il éloignât les compagnies et avec elles
« *le cortège repoussant de l'agiotage*, qui ne peut apporter
« avec lui, disait-elle, que la ruine d'un système [1]. »

Certes, les Compagnies fermières émettront, elles
aussi des actions; mais leur nombre sera moins considérable, et leur classement plus facile; et comme
ces Compagnies sont généralement formées par les
industries menacées de dépossession, il en devra ré-

---

[1] Extrait du rapport présenté à la Chambre de commerce de Lyon
par M. V. Frèrejean, et approuvé à l'unanimité par délibération du 8
avril 1842.

On voit qu'il n'a pas tenu à cette Chambre de commerce, ni à
son habile et honorable rapporteur, que le traité désastreux du chemin
de fer d'Avignon n'ait pas eu lieu. C'eût été un service de plus ajouté
à tous ceux que la Chambre de commerce de Lyon a déjà rendus au
pays, surtout dans les hautes questions d'économie et de liberté com-
merciales, dont le pays attend encore la solution.

Notre devoir est d'ajouter que la même délibération demandait que
l'Etat, en se chargeant de l'exécution, se chargeât en même temps
de l'exploitation.

sulter que les actions resteront, en grande partie, dans les mains des intéressés. Le mal pourra ne pas être, complètement évité, mais il sera beaucoup moins considérable.

Pour les Compagnies financières, les chemins de fer ne sont et ne peuvent être qu'une spéculation, fort légitime assurément; pour les Compagnies fermières, ou tout au moins pour la plupart de ceux qui les ont formées, ils seront la continuation de leur industrie, condamnée, par l'établissement des chemins de fer, à se transformer ou à mourir.

Or, il ne sera peut-être pas indifférent de dire ici que l'industrie générale des transports par terre et par eau représente en France, directement ou indirectement, un capital d'environ trois cent cinquante millions; qu'elle occupe plus d'un million d'hommes, et nourrit conséquemment, quatre ou cinq millions d'individus, hommes, femmes et enfants! [1]

On voit, par tout ce qui précède, que l'emprunt serait loin de porter, au crédit public, la plus légère atteinte, tandis qu'une émission démesurée d'actions le compromettrait gravement, en favorisant l'esprit d'agiotage, son plus dangereux ennemi. Elle le compromettrait encore, en déterminant probablement la vente et le déclassement d'une quantité considérable de fonds publics, car beaucoup de gens séduits par les avanta-

[1] Les frais de transport par terre seulement, s'élèvent, en France, à cinq cent millions par année.

ges des concessions, sortiraient de la rente pour entrer dans les chemins de fer. L'emprunt lui amènerait des acheteurs, les actions ne lui amèneraient que des vendeurs. Ce serait donc le moyen le plus sûr de faire échec au grand livre et au crédit public.

Les actions sont des cartes; si on veut jouer, qu'on en fasse beaucoup; c'est à merveille; si on veut faire du gouvernement et de la civilisation avec le jeu, on ne saurait mieux s'y prendre! Mais si on a d'autres soucis il faut qu'on prenne d'autres moyens.

Et que dira-t-on, quand on saura que le gouvernement est en possession de tous les fonds dont il a besoin, et qu'il lui suffit, pour pouvoir les appliquer au chemins de fer, non pas de négocier, mais tout simplement de créer des rentes qui, par la force des choses, se trouveront immobilisées, et qui ne sauraient dès-lors affecter les cours, puisqu'elles ne seraient pas vendues. Nous voulons parler des fonds déposés en ses mains, par les caisses d'épargne.

D'un emprunt aux caisses d'épargne.

Les caisses d'épargne sont, comme on le sait, des institutions indépendantes et sans solidarité entre elles; mais dans la réalité, dans la vérité des choses, toutes ces caisses n'en font qu'une, parce qu'elles n'ont et ne peuvent avoir qu'un seul débiteur : l'Etat.

En effet, toutes les caisses d'épargne versent leurs fonds au Trésor qui, à l'heure qu'il est, leur doit plus de 350 millions.

Sur cette somme le gouvernement a employé en rentes, environ deux cents millions. Les cent cinquante autres, qui avaient été confiés à la caisse des dépôts et consignations, viennent d'être rendus au Trésor par cette caisse, faute d'emploi. De sorte que cette somme énorme pèse sur la dette flottante, et occasionne au Trésor, des charges et des embarras sans compensation.

Un emprunt fait à ces caisses ne serait donc que la régularisation d'un fait existant, et leur profiterait bien plus encore, qu'au gouvernement lui-même.

En versant leurs fonds au Trésor, les caisses d'épargne n'ont pas entendu faire un dépôt pur et simple, mais bien un prêt ; car des fonds *déposés* ne produisant rien, ne peuvent donner lieu à aucun intérêt.

Mais qui dit prêt, dit location, c'est-à-dire faculté de disposer. L'État a donc le droit de faire, de l'argent emprunté, un emploi utile et productif. C'est plus qu'un droit ; c'est un devoir, une nécessité.

C'est à tort, qu'en parlant de l'argent versé au Trésor, et provenant de cette origine, on continue à l'appeler *l'argent des caisses d'épargne*. C'est une mauvaise locution, et les mauvaises locutions engendrent, comme nous avons déjà eu l'occasion de le faire remarquer, les mauvais jugements.

L'argent prêté est l'argent de l'emprunteur qui en dispose à son gré, à charge de le rendre dans les conditions convenues. Celui qui provient des caisses d'épargne n'est pas plus leur argent, que celui qui a été prêté par les porteurs de rentes, n'est l'argent des rentiers.

Dans l'un comme dans l'autre cas, c'est l'argent du Trésor, et son devoir comme son droit, comme l'intérêt des prêteurs, est d'en faire l'emploi le meilleur, le plus sage et le plus productif, car il est bien évident que tout créancier a intérêt à ce que son débiteur fasse bien et profitablement ses affaires.

Or, qu'on nous signale un meilleur, un plus profitable emploi que celui qui consisterait à appliquer l'argent prêté par les caisses d'épargne, aux chemins de fer appelés à donner des produits considérables, et à augmenter ainsi la sécurité des prêteurs, en améliorant les finances de l'Etat. De cette manière les Caisses d'épargne conservent le même débiteur, et acquièrent de plus une hypothèque sur la plus profitable, la plus solide des entreprises. On n'enlève rien aux sûretés des déposants, on y ajoute.

Dans ce moment, que fait le gouvernement des fonds provenant de ces caisses?

Il les emploie en rentes, en très grande partie au moins. Eh bien, il en sera de même si on fait, aux caisses d'épargne, l'emprunt que nous conseillons; seulement le gouvernement créera la rente au lieu de l'acheter, et en emploiera le prix pour la construction des chemins de fer, au lieu de le donner à la Bourse.

Et qui empêcherait même de faire participer les caisses d'épargne aux bénéfices des chemins de fer, et, tout en leur garantissant le minimum d'intérêt dont elles jouissent, de leur allouer une prime, une participation dans les bénéfices? De cette manière on améliorerait le sort des classes pauvres, économes et laborieuses, qui prêtent à l'Etat à 4 ou plutôt à 3 1/2, déduction faite des frais qu'on leur fait payer ; ce qui vaudrait bien autant que d'abandonner ces profits aux Compagnies de spéculateurs qui trouvent que ce n'est pas trop de lui prêter à dix ou douze ?

Et qu'on ne vienne pas, pour expliquer cette singulière différence dans les prétentions de ces deux classes de créanciers, nous parler de l'intelligence, des services, du concours des Compagnies, puisqu'on sait bien que nos réflexions ne s'appliquent qu'à la partie oisive, inerte, morte du capital à employer, et non au capital industriel.

En plaçant de la sorte les fonds des caisses d'épargne, les profits provenant des chemins de fer deviendraient, en partie, une prime d'encouragement, non plus au jeu de la bourse, mais au travail, à l'économie, à une vie honnête et morale. Cette prime tendrait, tout à la fois, à augmenter les versements, et à diminuer les retraits.

Au surplus l'emprunt dont il s'agit se ferait *sans qu'on eût rien à toucher au capital actuel des caisses d'épargne,* puisque les versements annuels, qui dépassent cinquante millions, suffiraient et au-delà aux besoins dont nous parlons, et qui sont au plus, ainsi qu'on le sait, de quarante millions par année.

C'est dire que les sommes nécessaires pour faire face aux remboursements, même pour les cas de crise, seraient conservées, puisqu'il ne serait en aucune façon nécessaire de toucher, on le répète, au fond actuellement existant !

Puis, si on réfléchit à la singulière inconséquence qu'il y aurait, de la part du gouvernement, d'un côté à prêter à 3 ou 4; car enfin il prête, il place les fonds des caisses d'épargne; et, d'un autre côté, à emprunter, en même temps, le même argent, des mêmes personnes peut-être, à 10 ou 11; on ne peut pas supposer qu'il y ait lieu même à délibérer.

Et ne serait-ce pas une belle conception, que celle qui tendrait à faire faire les chemins de fer par les caisses d'épargne, et à faire prospérer, l'une par l'autre, les deux plus belles créations de notre époque !

La caisse d'épargne, c'est le bon emploi du temps; la création des chemins de fer fournira les moyens de l'économiser. Ce serait tout à la fois, et par le même moyen, moraliser la vie et l'allonger.

L'épargne, fille du travail, enfante les capitaux, qui à leur tour enfantent eux-mêmes le travail. Cercle admirable, où l'épargne est tour à tour cause et effet. Mais si, au lieu de faire, des capitaux créés par elle, des instruments productifs du travail, elle avait pu songer à les enfouir, elle tuerait le travail d'où elle procède; elle tarirait la source qui l'alimente; et on pourrait calculer, au moyen de la progression connue de sa marche, le jour et l'heure où, après avoir épuisé toutes les forces sociales, elle laisserait la mort là où elle devait entretenir la vie. Autant vaudrait qu'on défendît au cœur de rendre le sang qu'il reçoit.

Il faut donc que le gouvernement avise aux moyens de faire fructifier les capitaux amassés par l'épargne populaire, et le meilleur, le plus incontestable moyen, c'est à coup sûr de les consacrer à l'œuvre populaire des chemins de fer. Il y a urgence, car déjà l'engorgement se fait sentir; encore un peu, et on finirait par faire de l'économie, la plus belle des vertus, une véritable calamité publique.

Nous appelons toute la religieuse attention des Chambres sur cette grave question; et si elles semblaient disposées à entrer dans cette voie, nous soumettrions au gouvernement un plan d'exécution qui nous paraît concilier tous les intérêts.

Il convient maintenant de dire quelques mots d'un autre moyen qui a été proposé.

Emprunt de 750 millions pour les chemins de fer.

On sait qu'on s'occupe de la formation d'une Compagnie qui se propose de souscrire un emprunt de 750 millions destiné à l'achèvement des chemins de fer [1].

Si c'est réellement l'argent qui manque au Trésor, en voilà beaucoup plus qu'on n'en demandait aux Compagnies financières, et la question se trouvera ainsi singulièrement simplifiée.

[1] Les offres de la Compagnie sont bâsées sur une étendue de 5600 kilomètres de chemins de fer, ainsi elle contribuerait à la dépense pour 208,335 fr. 33 c. par kilomètre, au lieu de 100,000 fr. fournis par les Compagnies, le matériel d'exploitation non compris.

Cet emprunt serait consenti aux conditions suivantes :

Le montant serait versé en huit ou dix années, à mesure de l'avancement des travaux.

Il serait créé par le gouvernement des obligations qui assureraient aux porteurs :

Un intérêt fixe de 3 pour 100 payable par semestre ;

Une participation dans le produit brut des chemins, fixée à *un centime* par voyageur et par tonne de marchandises transportés sur le parcours de chaque kilomètre, dans toute l'étendue des lignes, et pendant vingt-cinq ans, à partir de leur mise en exploitation partielle ou totale ;

La prime serait réduite à *un demi-centime* sur l'*excédant* d'un mouvement journalier de 1,000 voyageurs ou tonnes, sur l'ensemble des lignes ;

Le remboursement serait opéré par vingt-cinquièmes, d'année en année, à partir de 1860 ;

Ce remboursement s'effectuerait par la voie du sort, et tout porteur remboursé recevrait une action de jouissance qui lui conserverait ses droits à la prime, pendant le temps qu'elle serait encore à percevoir.

On a fait, contre cette combinaison, deux objections qui ont dû fort s'étonner de se trouver ensemble ; on a dit, d'un côté, que la demande était exagérée ; et de l'autre on a insinué que la Compagnie ne trouverait pas les capitaux qu'elle offre.

Mais si la demande de la Compagnie est exagérée, que dire de celles des Compagnies financières?

Ces Compagnies prélèvent 6 pour 100 de leur capital en sus de l'amortissement ; la Compagnie de l'emprunt, 3 p. 100 ;

Les Compagnies reçoivent la moitié du surplus des produits, à répartir sur une avance de 150,000 francs ; la Compagnie de l'emprunt, un sixième [1] seulement, à répartir sur une avance de plus de 200,000 fr.; et encore ce sixième est-il réduit à un douzième, dès que l'intérêt et les prélèvements réunis s'élèvent à 4 3/4 p.0/0 du capital [2] ;

En cas de résiliation les Compagnies reçoivent une indemnité considérable ; l'emprunt ne soumet l'Etat à aucun sacrifice de cette nature.

Ces simples rapprochements suffisent pour démontrer l'énorme différence qui existe entre ces deux systèmes.

L'emprunt présente en outre des avantages d'un autre ordre, que nous ne pourrions énumérer sans répéter ce que nous avons déjà dit à propos du système de fermage simple. Ainsi, liberté d'action, faculté de remanier les tarifs, réserve des profits de l'avenir, tout se trouve dans cette combinaison ; et comme

---

[1] Ces proportions de sixième et de douzième sont fondées sur cette supposition que chaque voyageur et chaque tonne de marchandises devront produire, en moyenne, 6 centimes nets par kilomètre. Que cette moyenne soit abaissée ou augmentée, il y aura lieu à réduire ou à augmenter proportionnellement le dénominateur ; mais le principe restera le même.

[2] Le produit de 1,000 voyageurs ou tonnes par jour, pendant 365 jours, sur 5,600 kilomètres à un centime, serait de 13,140,000 fr., soit 1 3/4 p. 0/0 du capital de 750 millions.

elle mettrait à la disposition du gouvernement, une somme beaucoup plus considérable que celle qui est offerte par les Compagnies, elle lui fournirait les moyens de faire plus, et plus vite ; et de donner ainsi satisfaction à un plus grand nombre de localités ; d'autant mieux que la spécialité de cet emprunt ne permettra pas de le détourner de sa destination, à raison du droit attribué aux prêteurs sur les revenus.

Quant à la seconde objection, relative à la difficulté que la Compagnie éprouverait pour former son capital, nous la croyons, en fait, complètement inexacte.

On nous a assuré que la souscription de l'emprunt pour les chemins de fer avait été accueillie en France, comme à l'étranger, avec un empressement qu'expliquent suffisamment les avantages d'un pareil placement. En effet cet emprunt peut être raisonnablement considéré comme du 5 pour 100. Or du 5 pour 100 français au pair nous semble une assez bonne opération.

Supposons cependant, pour un moment, que l'hésitation dont on parle existe ; qu'est-ce que cela prouverait, si ce n'est que les capitaux décidés à entrer dans les chemins de fer auraient espéré mieux, en se plaçant à la suite des Compagnies ?

Mais que le **système de** concession soit écarté, et vous les verrez se rabattre bien vite sur l'emprunt, et venir frapper à cette porte, lorsqu'il n'y en aura plus d'autre. Et alors ils frapperont probablement trop tard ; car la place aura été prise par les capitalistes intelligents qui auront rendu, au gouvernement, la justice de ne pas le croire capable de souscrire des traités qui, comparés à l'emprunt, seraient désastreux.

Il se présente, pour la plupart des lignes, trois ou quatre compagnies faisant toutes sonner, autour d'elles, des centaines de millions; il y a donc trois ou quatre fois plus de capitaux qu'il n'en faut; or tous ces capitaux se réuniront évidemment sur la combinaison qui sera adoptée. Il semblerait dès lors fort peu raisonnable, quand les offres d'argent dépassent ainsi les besoins, de craindre d'en manquer, et de redouter la disette alors que l'abondance se manifeste de toutes parts.

La question n'est donc pas vraiment de savoir si la souscription à l'emprunt de 750 millions est ou n'est pas remplie, mais bien si cette opération est ou non profitable au pays.

Et maintenant ajoutons que toutes ces allégations, qui ne prouveraient rien, alors même qu'elles seraient exactes, ont de plus le tort de manquer de vérité.

Tombée à Paris, au milieu de projets qu'elle a dû déranger d'abord, cette combinaison a pu être mal comprise et faire naître quelque hésitation; mais si nous sommes bien informés, cette hésitation n'aurait pas été de longue durée, et nous sommes fondés à croire que tout ce qu'il y a d'élevé et d'honorable dans la banque de Paris lui a, ou lui aura bientôt donné son adhésion et son appui.

L'importance de cette opération en fait de droit, et par la nature des choses, l'opération de tout le monde, et il n'est pas une maison de banque telle élevée et puissante qu'elle soit, qui n'ait pu, ou ne puisse y prendre une part d'intérêt et d'action en rapport avec sa situation et ses moyens.

La souscription *publique* est, dit-on, fermée ; mais nous pensons qu'on s'est sans doute réservé les moyens d'accueillir de nouvelles adhésions, surtout celles qui pourraient avoir pour effet de faire cesser toute dissidence de vues et de projets, et de faciliter enfin le si pénible enfantement de nos chemins de fer, en simplifiant la question capitale des voies et moyens.

Comment ne pas voir que ce système est incontestablement plus large, plus digne, plus fécond que celui qui se débat impuissant, et va mourir avant d'avoir vécu ?

En effet le système mixte de l'exécution par l'Etat, et de la pose des rails par les Compagnies n'a reçu aucune application. L'exécution du chemin de fer de Marseille à Avignon, le seul qui ait été concédé depuis la loi du 11 juin, a été abandonnée en totalité à la Compagnie. On peut donc dire que ce système n'est pas né viable ; c'est une comédie qui a été sifflée avant d'être jouée.

La Banque de Paris ne pouvait pas méconnaître ces vérités, ni rester étrangère à une opération qui est faite pour honorer le nom de ceux qui la mèneront à fin.

Par la loi des canaux, l'Etat aliénait sa liberté ; par celle des chemins de fer, telle qu'on voulait l'exécuter, il aliénait et sa liberté, et les bénéfices de l'entreprise.

La combinaison proposée réunit les avantages des deux systèmes, et ne présente les inconvénients d'aucun; elle intéresse les prêteurs, par une participation dans les produits, à la prospérité de l'entreprise ; mais elle laisse à l'Etat, toute son indépendance d'action, toute sa liberté, aussi bien pour le présent que pour l'avenir.

Unie au système de fermage simple, elle fournit au gouvernement les moyens de profiter en même temps, et de la coopération organisatrice de l'industrie particulière, et de la coopération de capitaux qui lui sont loués à des conditions raisonnables.

Ainsi, l'emprunt pur et simple, d'abord ; aux caisses d'épargne surtout ; et ensuite, pour le cas où on ne voudrait pas recourir à ce moyen si simple et si profitable, l'emprunt proposé par la Compagnie de 750 millions, par la raison bien simple que cette Compagnie offre beaucoup plus, et demande beaucoup moins que les Compagnies financières.

—

Notre tâche touche à sa fin. Il nous reste à rassembler les idées éparses dans cet écrit, et à les lier en faisceau de manière à en mettre l'ensemble sous les yeux.

Il résulte de ce qui précède : D'abord en ce qui touche la question d'exécution des chemins de fer ;

Que c'est de l'administration , chargée de tout ce qu'il y a d'éventuel et d'aléatoire dans cette exécution, aussi bien sous le rapport de l'art, que sous celui de la dépense , que dépendent uniquement la plus ou moins grande économie, la plus ou moins grande célérité qui présideront aux travaux ;

Que dès lors les Compagnies, qu'elles soient ou non chargées de la pose des rails ; qu'elles soient financières ou fermières, seront sans influence à ce sujet ; puisque la pose des rails, qui ne peut d'ailleurs être séparée des autres travaux , n'est pas une œuvre d'art ni d'ingénieur, mais une affaire d'argent, un véritable emprunt ;

Qu'ainsi, les adversaires du principe de l'*exécution des chemins de fer par l'État*, n'ont aucun motif de préférer le système de fermage avec fourniture des rails, au sys-

8

tème de fermage simple, puisque c'est l'Etat qui, dans un cas comme dans l'autre, reste chargé de cette exécution ;

Que si l'État pouvait trouver convenance, à confier l'exécution de certaines lignes à l'industrie privée, ce ne serait qu'à la condition de lui abandonner entièrement cette exécution, de manière à lui laisser les risques bons et mauvais, la liberté comme la responsabilité ; mais que toute division dans une œuvre si essentiellement une, serait aussi contraire aux principes, qu'à l'esprit de la loi sainement comprise ;

Que cependant, ces entreprises ont généralement une importance telle, que l'industrie privée peut difficilement en affronter les chances, ce qu'a prouvé, de reste, ce qui est arrivé en 1840; et qu'il n'est pas prudent, dès lors, de lui confier une charge en disproportion avec ses forces ;

Que l'exemple des lois réparatrices ne serait pas bon à renouveler trop souvent, et qu'il convient pourtant qu'on sache se décider à perdre, quand on veut gagner, attendu que les gros risques peuvent seuls légitimer les gros profits ;

Qu'il ne faut pas juger l'industrie uniquement par ce qu'elle fait et ose, pendant le calme et la prospérité, mais aussi par ce qu'il adviendrait d'elle, en cas de crise commerciale, industrielle et politique ;

Que les écus sont aussi peureux dans l'orage, qu'ils sont téméraires dans le calme, que s'ils ont, eux aussi, leur *furia francese*, ils manquent de tenue et de patience, et qu'une puissance qui prend son point d'appui sur la Bourse, participe de sa fragilité;

Qu'en outre, ce système de concession, avec exécution totale, a l'inconvénient grave d'exiger des aliénations à longs termes, chose aussi contraire à l'esprit de la loi du 11 juin, qui a été précisément faite pour l'éviter, qu'à toutes les notions de la raison, à tous les principes de gouvernement, à tous les enseignements de l'expérience, ainsi que l'a fait remarquer, avec beaucoup de raison, la commission du chemin de fer de Montpellier à Nimes, par l'organe de son honorable rapporteur, M. Lebobe, dont les connaissances spéciales donnent, à cette opinion, un haut degré d'autorité.

En ce qui touche la question de préférence : Que le système de fermage simple doit prévaloir ;

Parce qu'il fait, entre l'Etat et l'industrie particulière, une division claire, nette et bien tranchée de l'œuvre des chemins de fer ;

Parce qu'il n'appelle, au partage des bénéfices de l'industrie, que les capitaux industriels ;

Parce qu'il abandonne à l'emprunt, le soin de fournir les capitaux d'emprunt ;

Parce qu'il présente à l'Etat des avantages d'argent considérables, et tels qu'il pourra, de cette manière, faire deux ou trois fois plus de chemins, puisqu'avec les mêmes produits, il pourra se procurer deux ou trois fois plus d'argent; considération importante, surtout pour les départements moins favorisés, et qui ne sont pas compris dans le réseau projeté ;

Parce qu'il laisse au gouvernement, sa liberté d'action ;

Parce qu'avec ce système l'État peut , au bout d'un bail *d'expérience*, remanier à son gré les tarifs, et donner ainsi satisfaction au commerce et aux besoins qui se seraient manifestés ;

Parce qu'il réserve l'avenir et les profits que promet au pays l'accroissement constant des produits, sans les lui faire acheter, par des indemnités d'une effrayante énormité ;

Parce qu'il favorise moins l'agiotage et le jeu de la Bourse, et davantage le travail et l'esprit d'association ;

Parce qu'il ne force pas le gouvernement, à sacrifier d'une manière aussi complète, à la spéculation, une industrie qui nourrit une partie notable de la population, et qui se trouve condamnée, par l'établissement des chemins de fer, ainsi que nous l'avons dit, à se transformer ou à mourir ;

Parce que ce résultat s'obtiendra de la sorte, non-seulement sans qu'il en coûte rien à l'État, mais encore avec des avantages considérables pour lui.

La concession est un contrat par lequel le gouvernement, pour se procurer de l'argent comptant, vend ses revenus à venir. C'est l'expédient ordinaire des dissipateurs, et des hommes besogneux et obérés ;

Le bail à ferme est un contrat, au contraire, par lequel le gouvernement fixe et règle ses revenus, mais ne les aliène pas. Il attend, dans ce cas, qu'ils se réalisent pour en disposer. C'est ce que font les hommes sensés et prudents ; ceux qui administrent leur fortune avec sagesse et habileté.

Le gouvernement veut-il imiter les premiers, et comme eux *manger son blé en herbe* ?

Ou bien veut-il suivre l'exemple des seconds, et comme eux, attendre la moisson pour moissonner ; sauf, si la *charrue* lui manque, à faire usage de son crédit, pour se la procurer ?

Là est toute la question.

On opposait trois choses aux Compagnies fermières:

La loi du 11 juin : nous avons prouvé que cette loi, bien entendue, était favorable au principe sur lequel elles sont établies ; d'ailleurs, le pouvoir législatif est saisi, et peut faire, à la loi, les modifications dont l'expérience aurait démontré la nécessité ;

L'argent : l'emprunt en donnera plus et à meilleur marché, que les Compagnies financières ;

Les inconvénients de l'exécution par l'État : ces inconvénients s'ils existent, se rencontrent aussi bien dans un système que dans l'autre.

On reproche, en échange, au système des Compagnies financières, trois choses aussi :

D'être ruineux : nous l'avons prouvé par vos chiffres mêmes ;

De faire obstacle aux améliorations et au progrès ,

cela est bien évident, puisqu'il engage l'avenir, ou le
grève de redevances énormes ;

De favoriser l'agiotage : pour le nier il faudrait nier
qu'il ne soit plus facile d'agioter sur des actions, que
sur la rente ; sur des actions auxquelles on a vu subir
des mouvements de 10, 15, 20 pour cent dans un jour,
quand la rente ne variait pas de cinq centimes!

Or, comment veut-on que le gouvernement puisse
hésiter?

Avant l'événement on peut se tromper. Quand on a
les faits derrière soi, et les chiffres sous les yeux, cela
n'est plus permis, et l'erreur, en ce cas, prendrait un
autre nom.

Il est vrai qu'on a donné, en faveur du système des
Compagnies financières, une raison qui, aux yeux de
certains esprits chagrins, a paru péremptoire et sans
réplique; c'est que la plupart des députés se seraient
intéressés dans ces affaires; et que la Chambre
s'étant ainsi transformée en une grande Compagnie
financière, il était à craindre que les intérêts n'y pe-
sassent plus que les raisons [1].

A cela nous répondons que nous ne croyons pas un
mot de toutes ces accusations, surtout en ce qui concerne
l'immense majorité de Messieurs les pairs et de Messieurs les députés, et que si, quelques-uns d'eux s'é-

---

[1] On est allé jusqu'à assurer que les souscriptions fermées, seraient
toujours ouvertes pour les membres du parlement. Certains prospectus
ont très malheureusement contribué à accréditer toutes ces allégations !
Et ces prospectus ne sont pas ceux qui se sont montrés le plus modérés
en allocations *aux fondateurs !*

taient mis dans ce cas, ce serait bien certainement avec l'intention de se récuser et de s'abstenir lors du vote ; autrement la loi ne serait pas une loi, mais un immense scandale, contre lequel la conscience publique se soulèverait.

Autant vaudrait, en effet, faire faire, en pareil cas, la loi par les Compagnies.

Nous avons entendu le chef de l'une de nos plus respectables maisons de banque manifester la même opinion. Député lui-même, il n'a pas permis qu'un seul membre de sa famille prit le plus léger intérêt dans ces affaires.

Il y a peu de jours qu'un honorable député disait à la Chambre, que la tribune devait être, avant tout, une chaire de moralité. Cette opinion est celle de la Chambre toute entière ; elle sait qu'elle est le cœur du pays, et elle ne voudrait pas qu'on pût comparer la France à ces saules poitrinaires dont la vie et la jeunesse se portent à l'écorce, et qui cachent dans leur sein, la corruption et la mort.

Dans un état dont l'honneur est le mobile, a dit Montesquieu, tout est perdu quand les hommes passent avant l'honneur. Que serait-ce si l'argent passait, en pareil cas, non seulement avant l'honneur, mais avant la justice, avant tous les principes de morale et d'honnêteté ?

Il ne saurait en être ainsi, et les Chambres conserveront, nous en sommes certains, toute leur indépendance, toute leur pureté ; nul membre du parlement ne croira pouvoir accepter un intérêt personnel en opposition directe avec l'intérêt qu'il a mission de défendre. Que dirait-on d'un ministre qui s'engagerait dans ces affaires ? Or nous ne voyons pas que cela puisse être permis davantage à un pair ou à un député qui contribuent, eux aussi, à faire la loi.

En effet, comment ceux qui sont appelés à régler le contrat à passer entre l'Etat et les actionnaires ; à fixer la durée des baux, les tarifs, toutes les conditions enfin, pourraient-ils se faire actionnaires eux-mêmes ; c'est-à-dire juges dans leur propre cause ? Autant vaudrait qu'un magistrat s'associât avec une des parties plaidant devant lui, et prît un intérêt dans le procès qu'il serait chargé de juger.

Si donc quelques membres du parlement s'étaient engagés, sans réflexion, directement ou indirectement dans les Compagnies futures, ou ils s'abstiendraient, nous le répétons, ou, ce qui nous semble mieux, ils résigneraient ces intérêts, et reprendraient, de la sorte, leur indépendance. Nous ne disons ceci, ni comme artifice de style, ni par précaution oratoire, mais de conviction profonde ; car à nos yeux il est de toute impossiblité que les élus d'une nation, comme la France, puissent être accusés, avec justice, d'un acte que n'oserait avouer la plus vulgaire probité.

Nous n'avons pas besoin d'expliquer que nous ne parlons ici que des Compagnies à créer et des affaires sur lesquelles les Chambres ont à voter, et en aucune façon des actions se rapportant à des affaires terminées, et sur le sort desquelles les Chambres n'ont plus à délibérer.

Quant à vous, Monsieur, nous espérons que nous vous aurons fait partager toutes nos convictions. Un esprit droit et judicieux comme le vôtre ne saurait manquer de mettre de côté tout amour-propre d'*auteur*, et vous ne conserverez pas rancune à la vérité, parce qu'elle ne se serait pas présentée immédiatement à vos yeux.

Ce n'est pas l'association financière, ce n'est pas l'association industrielle que nous avons critiquées, c'eût été nous critiquer nous-mêmes ; ce que nous avons blâmé, c'est la confusion que l'on a faite de deux principes excellents, mais qu'on a compromis en les associant. On a trop oublié que le meilleur instrument n'est bon, qu'à la condition d'être bien employé.

APPENDICE

A LA DEUXIÈME ÉDITION.

Quelques objections ont été faites contre le système de fermage simple des Chemins de fer, depuis la publication de la première édition de notre écrit.

C'est ainsi qu'on aurait dit que le Gouvernement ne pourrait suffire seul à la tâche qu'on lui impose ; et qu'onéreux ou non, il fallait bien qu'il acceptât le concours des Compagnies financières, puisque ce concours était indispensable.

On aurait ajouté que l'État, obligé de faire face à de nombreux engagements, ne pouvait, sans imprudence, demander à l'emprunt la totalité des dépenses que lui imposerait l'exécution entière des lignes projetées.

On aurait dit enfin que les produits présumés sur lesquels nous avions établi nos calculs, dans quelques aperçus précédents, ne pouvaient être espérés de l'ensemble des lignes, mais seulement de celles qui sont réputées les meilleures.

C'est à répondre à ces objections que ces pages nouvelles sont destinées.

Du reste, nous n'avons rien vu, dans la presse, ni ailleurs, qui soit venu atténuer les considérations développées par nous, de sorte que nous pouvons dire avec Pascal, que *nos remarques subsistent.*

LE CONCOURS DES COMPAGNIES FINANCIÈRES EST PRÉMATURÉ, IL EST INUTILE, IL EST ONÉREUX.

> Eu égard aux circonstances présentes, la détermination de la Commission du Nord équivaut à une *proposition d'ajournement de tous les chemins de fer sans exception.* [1] ..... Ce vote, s'il était maintenu, serait un encouragement immense à ceux qui rêvent encore *l'exécution entière du réseau par l'État* (2).
>
> (*Journal des Débats* du 9 mai 1844.)

> Les ingénieurs des ponts-et-chaussées construiront les chemins de fer avec ce soin et cette promptitude dont la preuve a été fournie par eux sur la ligne du Nord, et *sur toutes celles auxquelles ils ont touché.*
>
> (*Journal des Débats* du 16 mai 1844.)

Nous laissons à plus habiles que nous, le soin de concilier cette horreur pour l'exécution des chemins

[1] Cette commission a résolu de proposer l'achèvement de la voie par l'État, et la concession de l'exploitation à une Compagnie fermière.

[2] *L'exécution entière du réseau par l'État* est le fait de la loi du 11 juin 1842 que le *Journal des Débats* soutient. Le concours demandé aux Compagnies n'a pour objet que l'avance du prix des rails.

de fer par l'État, avec cette admiration pour la promptitude, et les soins avec lesquels ses ingénieurs les exécutent.

Il est vrai, que le premier article est du 9 mai, et le second du 14 !

Tout le monde reconnaît que le concours des Compagnies financières, *en ce qui touche l'exécution,* est fort onéreux, mais leurs partisans le disent indispensable. On affirme que l'État ne peut s'en passer, et qu'il ne saurait seul suffire à la tâche que lui imposent les exigences qui se manifestent de toutes parts.

Nous disons nous, au contraire, que le concours demandé nuira, au lieu de servir ; retardera, au lieu d'accélérer ; *et que, plus on aura de Compagnies, moins on aura de chemins,* par la raison bien simple qu'elles demandent beaucoup plus qu'elles n'offrent, et que tout ce qui aura été accordé à la spéculation, sera bien évidemment perdu pour les chemins de fer.

Ce qui est en question.

Les projets soumis à la Chambre portent à 2,000 kilomètres environ, les lignes de chemins de fer qui seraient mises immédiatement en voie d'exécution.

Les travaux d'art et de terrassement s'élèveraient à peu près, pour l'établissement de ces 2,000 kilomètres, à 360 millions, qui seraient employés en six années, à raison de 60 millions par an. Cette somme serait fournie par l'État, c'est un point d'accord.

Le matériel d'exploitation donnerait lieu à une dépense d'à peu près 80 millions. Cette somme serait laissée à la charge des Compagnies, qu'elles fussent fermières ou financières; on est également d'accord à ce sujet.

Reste la fourniture et la pose des rails exigeant une dépense d'environ 170 millions, qui n'aurait lieu *qu'après les autres travaux* [1].

C'est uniquement sur cette partie de la dépense que roule le débat; c'est à cela que se réduit, en ce qui touche l'exécution, le concours demandé aux Compagnies.

Les Compagnies, quant à présent, n'ont pas à intervenir.

La dépense à la charge de l'Etat sera d'environ 60 millions par an, *pendant six ans.*
(*Journal des Débats* du 16 mai 1844.)

De quoi s'agit-il *aujourd'hui?* [2]

[1] Ces chiffres sont extraits d'un article du *Journal des Débats* du 16 mai. Nous pensons que la dépense sera plus considérable, et s'élèvera, savoir :

Pour les travaux d'art et les terrassements à. . . . 400 millions, soit, à 200,000 fr. par kil., au lieu de 170,000.

Pour les rails à. 200 »
soit, à 100,000 fr. par kil., au lieu de 80,000.

Pour le matériel à. . . . . 100 »
soit, à 50,000 fr., au lieu de 40,000 aussi par kil.

En tout. . . . . 700 millions.
au lieu de 610.

[2] Nous parlerons plus tard de la ligne du Nord et du chemin de Vierzon. Les réflexions qu'on va lire s'appliquent uniquement aux lignes dont les travaux ne sont pas encore commencés, telles que celles de Lyon, Bordeaux, Strasbourg, etc.

De dépenser les trois cents soixante millions consacrés aux travaux d'art et de terrassements : c'est l'État qui les fournit;

D'exécuter ces travaux : c'est l'État qui les exécute.

Combien de temps ces travaux exigeront-ils?

On avait dit, jusqu'ici, qu'il fallait dix ans, pour les mener à fin; le *Journal des Débats* dit six; nous nous en rapportons [1].

De six ans donc les Compagnies n'auront rien à faire. Nous nous trompons, elles feront des actions et joueront avec, pendant que le gouvernement fera les chemins. Ce seront des Compagnies *in partibus*.

Et après?

Après, elles auront tout simplement à acheter de l'État ce qu'elles ont à lui livrer !

---

[1] Il pourra, sans doute, arriver que quelques parties de la voie soient prêtes avant d'autres; mais outre que, même pour ces parties, il faille attendre plusieurs années encore, il est présumable qu'on fera, autant que possible, tout marcher de front; car ces exploitations partielles, qui auraient l'inconvénient d'exciter des jalousies et des mécontentements de la part des localités laissées en retard, ne présenteraient qu'une utilité fort problématique; et il est présumable que l'État s'attachera, autant que possible, à livrer la voie tout à la fois, afin d'éviter une immixtion d'intérêts et de coopération entre l'administration et les Compagnies, qui nuirait probablement à tous.

Qu'au surplus, on ne perde pas de vue que nos raisonnements subsisteraient, dans toute leur force, alors même que l'inaction à laquelle seront condamnées les Compagnies, au lieu de durer six années, ne serait que d'une durée moins considérable, de trois ans, quatre ans, si l'on veut.

En effet, que doivent fournir les Compagnies dans le système dont il s'agit?

Le sable, les traverses, les rails.

Or, sable, traverses, rails, tout enfin sera approvisionné ou acheté par l'État, en grande partie au moins, pour l'établissement de la voie provisoire nécessaire à l'exécution des travaux qu'il s'est réservé.

De sorte que l'intervention des Compagnies financières se bornera alors à racheter de l'État, on le répète, ce qu'elles auront à lui fournir; le tout à grand rabais, sans doute, et au risque de contestations sans fin [1].

Bizarre combinaison, il faut en convenir, de laquelle il résulterait que le gouvernement vendrait pour acheter, et se ferait le fournisseur de ses fournisseurs!

Singulier moyen d'accélérer les travaux, que de les suspendre brusquement, de désorganiser l'administration, les chantiers, d'arrêter une entreprise pour lui en substituer une nouvelle; de remplacer les ingénieurs, les employés; de faire table rase; d'inventorier, expertiser, livrer les outils, le matériel, le sable, les rails, les traverses, toutes choses qui ne peuvent se faire sans des dépenses et une perte de temps considérables, en supposant même que le tout se dût passer sans procès, et de bon accord, chose peu présumable. On voudrait retarder et entraver les travaux, qu'en vérité on ne ferait pas autrement!

Ainsi, on le voit, nul travail pendant cette longue

[1] Voir les articles 7 et 10 du cahier des charges joint au projet de loi.

période d'exécution, nulle avance, nul concours de la part des [Compagnies, car il est bien évident qu'on ne peut poser les rails sur une voie qui n'est pas faite, et qu'on n'a pas à approvisionner ce qui l'est déjà.

Cette combinaison est, il est vrai, extrêmement favorable au jeu des actions, d'abord à raison de l'inconnu dans lequel elles seront enveloppées pendant cette longue série d'années, et en second lieu parce que les Compagnies, n'ayant rien à dépenser, ne devront pas faire d'appel de fonds, et qu'on pourra jouer ainsi sur ces actions sans bourse délier, ou avec de faibles avances ; en telle sorte que les Compagnies auront pu escompter et encaisser les profits, bien longtemps avant qu'elles aient pu prendre la moindre part à l'œuvre !

Si toute négociation d'action était interdite avant le premier inventaire, que de souscriptions s'en iraient en fumée !

Ainsi, au point de vue de l'agiotage, ce système ne laisse rien à désirer, et si c'est à cela qu'on vise, il faut qu'on se hâte, car on ne saurait mieux faire.

Mais si on a d'autres vues, il faut qu'on s'arrête, car rien ne saurait justifier cette création ANTICIPÉE d'actions qui, pendant plusieurs années, ne représenteraient rien ; rien que des illusions, puisque les Compagnies n'auraient encore pris aucune part à l'affaire ; ni comme travail, ni comme argent.

Ne serait-il pas à craindre que de pareils actes ne vinssent en aide aux reproches si injustement adressés à la Chambre, de faire des lois pour la Bourse, tandis que la Bourse ferait des actions pour la Chambre !

N'y aurait-t-il pas là matière à une sérieuse et terrible responsabilité ; et les hommes sur lesquels devraient retomber les conséquences qui seront la suite inévitable de cette étrange combinaison, seraient-ils bien tranquilles ?

Dangers de la précipitation.

Il y a moins d'un an que la Compagnie du Nord se présentait à la Chambre avec un traité conclu à des conditions qui, comparées à celles qu'elle accepte aujourd'hui, offrent une différence qu'un publiciste non contredit a porté à plusieurs centaines de millions ! Et encore ce calcul a-t-il été fait, dans la supposition d'une concession peu probable, de 28 années !

La Chambre, en annulant ce traité, a rendu un service immense au pays qui aura gagné, à cet ajournement, une somme énorme, sans que les travaux aient été suspendus un seul jour.

Il lui suffit aujourd'hui de s'imiter.

Commettrait-elle, pour les cinq cents lieues à faire, la faute dont sa prudence a sauvé le pays ? Ce n'est pas possible [1].

---

[1] Le projet de loi du 11 juin 1842 stipulait que les contrats de concessions qui seraient passés, seraient approuvés par ordonnances royales.

C'est par suite d'un amendement de la Commission, adopté par la Chambre, qu'il a été statué que ces contrats seraient soumis à la sanction législative.

Cet amendement a épargné au pays des traités désastreux.

Lorsque la Chambre prit, dans la session dernière, la *licence grande* de modifier le traité fait pour le chemin de fer de Marseille à Avignon, on disait que les chemins de fer étaient perdus, *qu'on tuait les Compagnies !*

Ne sont-elles pas bien mortes !

On dit les mêmes choses aujourd'hui, et il faut avouer que c'est nous supposer trop peu de mémoire, en vérité, que de renouveler, avec tant d'assurance, de pareilles prophéties.

Et voyez encore : Si le gouvernement éprouve le besoin d'apporter quelques modifications dans les tracés ; si, comme tout porte à le croire, de nouveaux procédés se manifestent, qui permettent de faire des rails à des conditions meilleures ; de les remplacer même, par un autre mode, avec une autre matière, d'en diminuer le poids, le nombre, il faudra donc qu'il prenne l'agrément des Compagnies ?

Comprend-on ce qui en résulterait ? Comprend-on ce que coûterait au pays ce droit de *veto* qu'on aurait octroyé aux Compagnies, sans motif, sans compensation, sans avantage !

Tout ce qui touche aux chemins de fer est neuf et peu connu ; la science, sous ce rapport, est encore à l'état d'enfantement, les idées se modifient d'un moment à l'autre, l'expérience jette, chaque jour, de nouvelles lumières sur cette grande question, et signale les résultats les plus inattendus.

Le bénéfice du temps est donc incalculable, et c'est

une bonne fortune pour le pays que de pouvoir se le réserver, dans cette circonstance, sans pour cela ajourner d'un seul instant, les travaux.

Le système des chemins de fer atmosphériques et d'autres qui se produisent, pourront être examinés et jugés pendant que les travaux d'art et de terrassement s'exécuteront, ce qui permettra d'apporter les modifications qui seraient reconnues utiles dans l'établissement des moyens actuels de locomotion, chose qui ne serait plus possible si l'Etat se rivait aux pieds des Compagnies qui ne lui rendraient pas sans rançon, une liberté qui leur aurait été engagée sans motif.

Ce qu'allèguent les Compagnies.

> Les Compagnies n'auront *de fonds à verser* qu'après que les terrassements et ouvrages d'art auront été exécutés par l'Etat.
> *(Journal des Débats* du 23 mai 1844.)

Mais, dit-on, si on n'a pas besoin des Compagnies aujourd'hui, ni de leurs capitaux, on pourra en avoir besoin plus tard !

Eh bien, plus tard on avisera ! Est-il raisonnable de traiter aujourd'hui pour des travaux qui ne devront être exécutés que dans un temps éloigné ; d'emprunter de l'argent qu'on n'aura à dépenser que dans cinq ou six ans ?

N'y aurait-il pas, dans une telle manière de procéder,

quelque chose qui choque tous les principes, tous les enseignements du bon sens et de la raison?

Les Compagnies ne se présenteront peut-être plus !

Pourquoi, si l'affaire est profitable?

Et si elle est mauvaise, convient-il à un grand état comme la France de spéculer sur l'erreur où se trouveraient ces Compagnies? La prospérité publique doit-elle s'acquérir par la ruine de ceux qui traitent avec l'État?

Puis ne sait-on pas, quand l'orage vient, ce que valent alors ces traités? Le gouvernement veut-il se replacer dans la nécessité de sanctifier de nouveau le mépris des contrats et de la foi donnée, ou d'outrager la justice qui ne lui permet pas d'avoir deux poids et deux mesures, et qui l'empêcherait, dès-lors, de repousser les Compagnies qui viendraient implorer son secours, la loi du 15 juillet 1840 à la main !

On dit que le moment est favorable :

L'est-il moins pour l'emprunt?

Que les capitaux abondent :

Est-ce une raison pour les payer plus cher que quand ils sont rares?

D'ailleurs, ce ne sont pas des *capitaux* que vous enrôlerez, puisqu'on ne les verse pas; mais seulement des *engagements;* et il faudra bien que ces capitaux, s'ils sont réels, cherchent, en attendant un autre emploi. Puis qui garantit, en cas de crise, qu'ils se présenteront ? [1]

On ajoute que l'avenir peut offrir des chances mauvaises :

Ne peut-il pas, en échange, en offrir de bonnes ?

Que toutes les lignes ne sont pas également productives :

Raison de plus pour attendre les enseignements de l'expérience, puisqu'on peut le faire sans inconvénient, et sans retarder les travaux, car il ne convient pas plus d'abandonner des profits exorbitants aux uns, que de ruiner les autres.

Plus tard chacun saura mieux ce qu'il fait, le gouvernement aussi bien que les Compagnies, et les traités gagneront ainsi en moralité, tout ce qu'ils auront perdu au point de vue de l'agiotage et du jeu.

On compensera, dit on, les inégalités de produits, par des prolongations de concessions :

Tant pis ; parce que ce sera une injustice substituée à une autre ; car il en résultera, que les localités moins favorisées seront retenues plus longtemps que les autres sous le joug des tarifs et des Compagnies.

N'est-il pas évident, en effet, que le premier usage que le gouvernement fera de sa liberté, sera d'abaisser les tarifs, et peut-être même de les réduire aux simples

[1] Les versements qui seraient effectués et qui sont une affaire de *famille*, puisqu'ils n'ont pas lieu entre les mains du Gouvernement, mais bien dans les caisses de la Société, ne seraient pas même une garantie.

frais de traction ; c'est-à-dire de mettre à la charge publique, les chemins de fer, de la même manière que les chemins de terre ; d'autant plus que c'est sur ce terrain que les nations voisines et rivales se feront certainement la guerre !

Si la route de la Bourgogne était affranchie, vingt ans avant la route du Bourbonnais, qu'adviendrait-il de cette dernière ?

Pour être équitable, il faut. que le gouvernement donne à toutes les concessions une durée uniforme ; autrement il y aura des parties favorisées, et ce seront les plus riches ; d'autres écrasées, et ce seront les plus pauvres !

Qu'on se figure ce que serait le pays si nos routes appartenaient à cent Compagnies différentes ; avec des vues, des tarifs, des intérêts opposés ; si les unes étaient libres, et les autres frappées de droits !

On oublie trop que les routes de fer et autres n'intéressent pas seulement ceux qui les exploitent, mais encore les populations qu'elles traversent, et qui valent qu'on songe aussi un peu à elles.

Ajoutons que ce système de compensation, au moyen de l'inégalité dans la durée des concessions aurait ainsi,

[1] Jusqu'à présent, le transport, vu de haut, était déterminé par les routes, les rivières, les canaux, ouverts à tous ; il relevait des choses ; il était donné aux personnes de le faire temporairement varier, il était hors de leur pouvoir de le dominer.

Les railsways concédés à des exploitants, l'arbitrage du transport cesse de relever des choses, et devient l'apanage des personnes.

Avec la faculté de mouvoir le tarif, d'enchérir ou d'avilir le trans-

pour effet, de laisser, à chaque localité, la charge de son chemin, ce qui équivaut à répartir l'impôt, non pas à raison de la richesse du sol, mais de sa superficie ; chose aussi inique qu'absurde.

Ce système n'est pas moins injuste entre les Compagnies elles-mêmes, qu'entre les différentes localités. Les unes auront les bonnes lignes et feront des bénéfices énormes ; les autres auront les mauvaises, et se ruineront, car le prolongement des concessions ne serait, en ce cas, qu'une très insuffisante compensation.

S'il y a concession de 28 ans, le capital s'amortit avec 2 p. 100 ; si elle est de 47 ans, avec 1 p. 100 ; en sorte que l'avantage réel de la seconde, en ce qui touche le remboursement de son capital, est de 1 p. 100 seulement.

Est-ce là une compensation suffisante entre la ligne de Lyon, par exemple, et celle de Strasbourg ; et si le produit de cette dernière ligne suffit à indemniser la Compagnie qui s'en chargerait, pourquoi abandonner à celle qui prendrait la première, des produits réputés deux ou trois fois plus forts ?

Donc, rien dans ce qui est allégué ne justifie le moins du monde, la précipitation qu'on mettrait à *ven-*

port, d'expédier plus ou moins vite, d'accepter ou de refuser les conditions ordinaires des expéditions,.. L'EXPLOITANT d'une voie de fer, quel qu'il soit, qu'il en ait ou qu'il n'en ait pas conscience, devient l'arbitre de la production, de l'existence de plusieurs localités ; d'une part, de celles qu'il dessert, d'autre part, de celles dont les produits similaires alimentent les mêmes marchés que les premières. (E. BLANC, *Une opinion sur l'organisation en service public, des chemins de fer,* p. 57.)

dre l'avenir, pour un peu d'argent comptant, dont on n'aura besoin que dans plusieurs années. Il faut qu'on sache si ce sont des actions qu'on veut créer, ou des chemins de fer.

Le concours des Compagnies financières est onéreux.

Nous avons établi que le concours des Compagnies financières était prématuré et inutile, pour les lignes non encore commencées; établissons maintenant qu'il est onéreux, et ne saurait conséquemment être accepté même pour les lignes qui n'attendent plus que les rails, c'est-à-dire pour la ligne du Nord, et pour celle d'Orléans à Vierzon.

On s'accorde à penser que les bonnes lignes aboutissant à Paris doivent rendre au moins 25,000 fr. par kilomètre net. [1]

[1] « Nous avons dit, dans de précédents écrits, que l'on pouvait es- « timer à 25,000 fr. par kilomètre le produit net des bonnes lignes « aboutissant à Paris. L'expérience des chemins de fer d'Orléans « et de Rouen, maintenant en exploitation, a confirmé pleinement cette « estimation. » (BARTHOLONY : *Résultats économiques des Chemins de fer*, page 32.)

On sait que M. Bartholony est l'un des plus chauds et des plus habiles défenseurs des Compagnies financières; et il n'est pas besoin d'ajouter que ces Compagnies n'ont pas intérêt à enfler les produits dont elles demandent l'abandon, au contraire.

On conviendra dès-lors que c'est faire beau jeu à nos adversaires que de prendre leurs chiffres pour base de la discussion.

Beaucoup de personnes pensent que ce produit sera de beaucoup dépassé, à en juger par le prodigieux accroissement de circulation qu'amènent les chemins de fer; et aussi à raison de la diminution progressive qui s'opère dans les frais; ces personnes croient que ce

Pour éviter toute controverse, nous réduirons à 1000 kilomètres ces bonnes lignes. (Celles du Nord et de Lyon représentent presque, à elles seules, cette étendue). [1]

Ce serait donc un produit net annuel de 25 millions que l'Etat trouverait dans cette partie du réseau.

Admettons que le gouvernement abandonnât dix millions aux Compagnies fermières, pour intérêts de leurs

chiffre de 25,000 fr. deviendra la *moyenne* du rendement des lignes qui doivent composer le réseau projeté, et dont les unes produiront beaucoup plus, les autres beaucoup moins.

[1] Nous avons, dans un écrit récemment publié, présenté quelques calculs hypothétiques qui ne paraissent pas avoir été suffisamment compris.

Après avoir fait ressortir tout ce que certains traités avaient d'onéreux, on a indiqué les conséquences qu'ils auraient eu pour le pays, s'ils eussent été appliqués à l'ensemble du réseau projeté de 4,000 kilomètres, dans l'hypothèse d'un revenu moyen de 25,000 fr. par kilomètre.

A cela, on a répondu que toutes les lignes ne donnaient pas le même produit. Nous le savions bien, et nous avons nous-mêmes pris soin de le dire plusieurs fois; nous avons établi nos calculs sur une moyenne et au point de vue du pays, et non au point de vue de telle ou telle Compagnie.

L'observation vaudrait de la part d'une Compagnie générale qui demanderait la concession de tout le réseau, et qui pourrait contester plus ou moins utilement la moyenne établie; mais elle n'a aucune portée de la part des Compagnies qui demandent *les bonnes lignes*; au contraire, puisque c'est leur faire beau jeu, que de raisonner sur une moyenne dont elles forment les termes les plus élevés; or, il est bien évident que les objections faites par nous, portent contre les bonnes lignes, et militent, au contraire, en faveur des mauvaises. Nous avions pris le soin d'expliquer cette pensée dans une note qui n'aura pas été lue, par les honorables contradicteurs qui ont fait les observations dont il est ici question.

capitaux, dépréciation de leur matériel, et rémunération de leur industrie et de leurs soins; il resterait encore à l'État 15 millions.

Par contre, l'État aurait eu à poser les rails sur 1000 kilom., qui, suivant le *Journal des Débats*, ne coûteraient pas plus de 80 millions, ce que nous croyons au-dessous de la vérité. Aussi porterons-nous cette dépense à 100 millions, toujours dans l'intention de faire reste de droit à l'opinion adverse.

L'annuité nécessaire à l'amortissement de cette somme, pendant la durée de la concession, qui, aux termes des projets serait en moyenne de 29 ans, est d'un peu moins de deux millions, mettons en deux. Resterait net treize millions.

Or, 13 millions inscrits en rentes 3 p. 100 et négociés à 80 p. 100 seulement donnent près de 350 millions, au lieu de 100 que le gouvernement aurait dépensés; de sorte que le produit des 1,000 kilomètres de bonnes lignes lui fournirait les moyens de poser les rails sur la presque totalité du réseau! Ceci est-il clair?

On voit si nous avions raison, en commençant, de dire que plus nous aurions de Compagnies financières, moins nous aurions de chemins.

On comprend dès-lors que le *Journal des Débats* trouve *détestable* la détermination de la commission du Nord, qui a pensé que l'État devait se passer d'un concours offert à un pareil prix [1].

---

[1] La détermination de la commission du Nord qui, dans certaines conditions politiques, pourrait se motiver, dans la situation présente est *détestable*.
(*Journal des Débats* du 9 mai 1844.)

Le *Journal des Débats* a raison et les Compagnies financières aussi ; rien ne serait plus *détestable*, en effet, qu'un gouvernement employant les bénéfices des bonnes lignes, pour s'aider à faire les mauvaises, au lieu de les abandonner à la spéculation !

L'emprunt est-il opportun?

Nous avons entendu des hommes considérables émettre des doutes sur la convenance d'un emprunt, dans un moment où l'État aura à recourir à cette ressource, non seulement pour faire face à la partie des chemins de fer mise, dans tous les cas, à sa charge ; mais encore à divers autres grands travaux d'utilité publique, tels que canaux, routes, etc.

A ces personnes nous répondrons d'abord qu'il n'y a nulle nécessité, *de s'en occuper* , *dans ce moment* , puisque, ainsi que nous l'avons démontré, ce n'est pas de plusieurs années, qu'on pourra songer à cette dépense, à l'exception toutefois, du chemin de fer du Nord et de celui de Vierzon[1], pour lesquels le gouvernement est

---

[1] On sait que le tronçon de Dijon à Châlons est, en grande partie, exécuté, et qu'on pourra incessamment y poser les rails.

Nous ne pensons pas qu'on songe à aliéner, sous ce prétexte, la ligne de Lyon.

Le gouvernement peut compléter cette petite fraction du chemin, ce qui donnera lieu à une dépense de quelques millions seulement ; et la faire exploiter, en attendant que la ligne de Lyon soit prête, c'est-à-dire pendant six ou sept ans probablement.

Il peut même la donner à ferme, soit pour cette durée, soit pour un terme plus long, en se réservant la faculté de résiliation.

Au surplus, une proposition a été adressée, par nous mêmes, à ce sujet, au gouvernement.

en mesure ainsi que cela est établi par le projet de loi.

Cette réponse est évidemment péremptoire et sans réplique.

Nous répondrons, en second lieu, qu'un emprunt qui aurait pour effet d'obliger l'État à payer une rente de quatre millions, et de lui fournir les moyens d'en recevoir treize, serait à coup sûr une excellente affaire, et que l'État, à ces conditions, *ne saurait trop emprunter,* si tant est qu'une pareille opération puisse prendre le nom d'emprunt, et ne soit pas plutôt une véritable délégation.

Il ne faut pas dire que les revenus destinés à couvrir l'emprunt sont hypothétiques; ce serait une erreur, puisque les offres des Compagnies fermières les rendent certains, leurs offres dépassant, de beaucoup, la somme nécessaire au paiement des intérêts de l'emprunt qui serait fait pour les rails, et de son amortissement.

On sait d'ailleurs qu'on a offert un emprunt donnant deux fois la somme qui serait avancée par les Compagnies [1] ; et il n'est pas douteux que si le gouvernement, à défaut d'accepter ces offres, voulait en ouvrir un, sur des bases analogues, cet emprunt ne fut accueilli avec la plus grande faveur, et rempli comme par enchantement. Si l'affluence des capitaux dont on

[1] M. J. Laffitte, chef de la maison qui s'était mise à la tête de cette opération vient de mourir. Ce regrettable événement va probablement interrompre les négociations entamées, mais l'idée subsiste, et il suffirait pour la mettre à profit, que le gouvernement ouvrit lui-même l'emprunt, ce qui serait assurément de tous point préférable.

parle tant est réelle, elle accuse une absence proportionnée d'emploi, et ne saurait laisser de doute sur le succès. Que les concessions soient écartées, et l'emprunt héritera des capitaux dirigés vers elles. Cela semble bien clair, et le nier serait nier l'évidence. D'ailleurs qu'on essaie et on verra !

Réponse à l'objection faite au sujet de quelques calculs de notre précédent écrit.

Nous avons, dans quelques aperçus généraux, pris pour base des produits présumés l'évaluation faite de 25,000 fr. par kilomètre.

On a objecté que beaucoup de lignes du réseau ne donneraient pas ce produit.

Nous avons à répondre que nos raisonnements ne s'appliquent qu'à l'ensemble des bonnes lignes; ensemble que nous avons exprimé par le chiffre de 4,000; et que chacun peut réduire, comme il l'entendra, sans que notre argumentation perde rien de sa force.

Il est bien évident, en effet, que le Gouvernement doit d'autant moins sacrifier les bonnes lignes, qu'il y en aurait plus de mauvaises. De sorte que plus on réduirait le nombre des premières, plus nous aurions raison.

Nous avions supposé que la sagacité de nos lecteurs nous dispenserait de faire ces observations, tant elles nous semblaient évidentes. *(Voir la note, page* **130***).*

Conclusion et résumé de l'Appendice.

Le concours des Compagnies financières est prématuré ; il est inutile, il est onéreux.

Comme intervention dans le travail, ce concours serait une cause de retard ;

Comme intervention dans la question d'argent, il serait une cause de ruine.

On ne peut rien perdre à attendre, puisque les travaux marcheront.

On risque tout à se hâter, puisqu'on se lierait les mains pour l'avenir.

L'inégalité dans la durée, qui est une nécessité de ce système, serait une calamité pour le pays et une injustice intolérable, au préjudice des localités moins favorisées.

La clause de résiliation ferait disparaître, il est vrai, une partie de ces inconvénients, mais elle imposerait, en échange, au pays, des sacrifices d'argent d'une énorme gravité.

L'emprunt donnerait trois et demi, pour des produits que les Compagnies paieraient un ; c'est à dire 350 millions, au lieu de 100, ainsi qu'on vient de le voir ;

L'emprunt laisserait au gouvernement sa liberté ; les Compagnies l'en priveraient ;

L'emprunt permettrait l'égalité dans la durée des concessions ; les Compagnies ne pourraient l'admettre.

Pour la ligne du Nord et celle de Vierzon, le gouvernement est *en mesure*; le projet présenté à la Chambre le constate;

Il ne faut donc pas, quant à ces lignes, qu'on parle d'embarras d'argent, d'aide, de secours.

Le gouvernement, sur ce point, n'a besoin de personne, mais seulement d'un vote, et il le demande.

En ce qui touche les lignes de Lyon, Bordeaux, Strasbourg et autres non commencées, la Chambre a un moyen simple, facile certain de sortir d'embarras, sans rien retarder, et de donner satisfaction immédiate à toutes les impatiences et à toutes les localités, sans rien compromettre.

C'est tout simplement de voter les tracés et les fonds nécessaires aux travaux d'art et de terrassement dont on a à s'occuper; et *de réserver la question des rails, auxquels on n'aura pas de longtemps à songer.*

De cette manière, l'agiotage, il est vrai, aura perdu son procès; mais le pays aura gagné le sien!

Voilà la vérité.

Jamais, dans aucune affaire, dans aucune question, elle ne se manifesta plus nette et plus éclatante.

Pour s'y tromper, il faudrait le vouloir.

Si jamais une conception de la nature de celle qui a été rêvée, pouvait passer dans les faits, il faudrait désespérer de la raison publique, car une pareille aberration annoncerait une de ces époques de vertige et d'erreur, dont parle le poëte ; où toute plume doit se briser, toute bouche se clore, et tout homme attendre, résigné, le retour de la raison.

Quand la vérité n'est qu'obscurcie, les efforts de l'homme peuvent valoir ; mais quand son flambeau est éteint, il ne se rallume que dans l'orage, et au feu du ciel !

Les membres du Conseil l'administration de la Compagnie fondée pour soumissionner le bail à ferme du chemin de fer de Paris à Lyon,

CLÉMENT REYRE,
ISAAC RÉMOND,
ANTONIN RIEUSSEC,
JEAN BONTOUX,
VIDAL-GALLINE.

ADRIEN MORIN,
LOUIS BREITTMAYER,
MARCEAU PIGNATEL,
LOUIS BONNARDET,

NOTE A.

—

Balance des sommes que l'État aurait :

D'une part à recevoir de la Compagnie, à titre de partage ;

Et, d'autre part, à lui payer pour indemnité de résiliation ;

Le tout aux termes du projet de loi présenté pour le chemin de fer de Paris à Lyon.

———

Sommes que l'État aurait à recevoir pendant la première période de 12 années, à titre de partage.

Aux termes du projet, art. 35 [1], l'État viendra à partage, à la fin de la cinquième année, si tant est que le produit de ces cinq premières années ait fourni à la Compagnie un prélèvement de 7 0/0, pour toutes les années précédentes, sur son capital, ce que nous admettrons, pour faire reste de droit à l'opinion adverse.

Il en résultera, qu'en supposant toujours un revenu net,

[1] Art 35 du cahier des charges. — Pendant les cinq premières années de l'exploitation, la Compagnie est dispensée de toute redevance envers l'État, pour la location du sol du chemin de fer et des travaux exécutés sur les fonds du Trésor public ; mais à l'expiration de ces cinq années, si le produit net de l'exploitation excède 8 pour 100 du capital dépensé par la Compagnie, la moitié du surplus sera attribuée à l'État à titre de prix de ferme.

Néanmoins cette attribution ne s'exercera qu'au moment où les produits cumulés des années antérieures auront suffi à couvrir la Compagnie de l'intérêt de 6 pour 100 du capital par elle employé, et de l'amortissement calculé sur le pied de 1 pour 100 de ce capital entier.

Une ordonnance royale, rendue dans les formes des réglements d'administration publique, réglera les formes et le mode d'exécution du présent article.

moyen, de 25,000 fr. par kilomètre[1], l'État recevrait, à partir de la sixième année, 6,500 fr., pour chaque kilomètre[2]; ce qui, pour les sept dernières années de la première période de douze ans, donnerait un capital de 45,500 fr., montant, avec les intérêts cumulés au bout de la douzième année, à 51,552 fr., et au bout de la vingt-huitième année, c'est-à-dire à la fin de la concession, à 96,177 fr., toujours pour chaque kilomètre.

Sommes que l'État aurait à payer à la Compagnie, pendant la 2ᵉ période, a titre d'indemnité, de résiliation.

Les sommes attribuées à la Compagnie, tant à titre de prélèvement, que pour partage, sont, sur le produit net de 25,000 fr., comme on l'a vu, de. . . . . . fr. 18,500

A cette somme, il faut ajouter un sixième en vertu de l'art. 52 du cahier des charges[3]. 3,086 66

Ce qui porte l'annuité de résiliation, par kil. à 21,586 66

---

[1] Nous avons dit dans de précédents écrits, que l'on pouvait estimer à 25,000 fr. par kil. le produit net des bonnes lignes aboutissant à Paris; l'expérience des chemins de fer d'Orléans et de Rouen maintenant en exploitation, a confirmé pleinement cette estimation.

BARTHOLONY, p. 33.

[2] Suivant le projet, et le revenu étant donné, pour chaque kilom., de fr. 25,000

La Compagnie aurait à prélever :

1° 8 p. 100 sur son capital de 150,000; soit. . . 12,000 }
2° A titre de partage du surplus. . . . .   6,500 } 18,500

D'où il suit que l'État aurait à recevoir. 6,500

On voit qu'un produit net de 18,500 fr., réduit à 16,000 par le prélèvement à faire pour l'amortissement (voir la note de la page 55), donnent, sur un débours de 150,000 fr., 10 2/3 p. 100.

[3] Art. 52 du cahier des charges.— A toute époque après l'expiration

Report de l'annuité de résiliation. . . . fr. 21,586 66

Il convient d'en déduire l'annuité représentant l'apport de la Compagnie. (Voir la note de la page 55.). 8,500

D'où il suit que l'État payera pendant seize années, en sus de l'annuité représentant le capital fourni, et pour chaque kil. . fr. 13,086 66

Soit 8 3/4, et, avec l'intérêt, 12 3/4 du capital de 150,000.

Ainsi, pendant leur jouissance, les Compagnies recevraient un intérêt de 10 2/3, et, après la résiliation, de 12 3/4.

Or, seize annuités de 13,086 f. 66 auront produit, au bout de la vingt-huitième année, c'est-à-dire à la fin de la concession, avec intérêts cumulés, et en sus des débours lesquels se trouvent couverts par le prélèvement déduit de f. 8,500; la somme pour chaque kil. de . . . . . . fr. 285,505

On a vu que l'État aurait reçu, aussi valeur de la vingt-huitième année, à titre de partage. 96,177

D'où il suit qu'il aura payé, en sus de ce qu'il aura reçu, par chaque kilom. 189,528

des douze premières années à dater du terme fixé par l'art. 15 pour la pose de la voie de fer, le gouvernement aura la faculté de résilier le présent bail. Pour régler le prix de cette résiliation on relèvera les produits nets annuels obtenus par la Compagnie, déduction faite des sommes attribuées à l'État à titre de prix de ferme, pendant les sept années qui auront précédé celle où la résiliation s'opérera ; on en déduira les produits nets des deux plus faibles années, et on établira le produit net moyen des cinq autres années.

Il sera, en outre, ajouté à ce produit net moyen le sixième de son montant, si la résiliation a lieu dans la première période de six années à dater de l'époque où le droit en est ouvert au gouvernement ; un huitième si la résiliation n'est opérée que dans la deuxième période de

Or, comme le chemin de Paris à Lyon aura une étendue d'environ 480 kilom., il en résulte que l'État aurait payé à la Compagnie, en sus de la somme qu'il en aurait reçue, à la fin de la concession près de 91 millions !

Il ne faut donc plus que les Compagnies financières se prévalent de leur clause de partage; clause que les Compagnies fermières s'empresseraient de consentir, si on leur concédait, comme aux Compagnies financières, la clause de résiliation, puisque ces deux clauses combinées, loin d'être une charge, sont, comme on le voit, un immense avantage pour les Compagnies.

Si on objectait que toutes les lignes ne rendront pas 25,000f. par kil., il y aurait à répondre, d'une part, que d'autres rendront davantage, et en second lieu que les Compagnies auront grand soin de ne prendre que les bonnes, ou qu'elles demanderont des compensations de durée et autres, ainsi que M. Bartholony l'a lui-même exprimé en annonçant que « pour les « lignes moins favorablement situées, il y aurait évidemment « lieu d'éloigner la limite où commencerait le droit de parti- « cipation de l'État. »

On peut donc considérer le produit de 25,000 fr. net comme le minimum des prétentions des Compagnies financières.

six années, et un dixième seulement pour la dernière période de six années.

Le produit net moyen, ainsi qu'on l'a dit dans le paragraphe précédent, formera le montant d'une annuité qui sera due, et payée à la Compagnie pendant chacune des années restant à courir, sur la durée du bail.

Dans aucun cas le montant de l'annuité ne sera inférieur, ni au produit net de la dernière des sept années prises pour terme de comparaison, ni à 10 pour 100 du capital dépensé, par la Compagnie, pour la mise en exploitation de la ligne entière et dont il est fait mention à l'art 35.

FIN.

TABLE DES MATIÈRES.

FIN DE LA TABLE.

Paris. Imprimerie de Blondeau, rue Rameau, 7.

Paris. — Imprimerie d'Ad. Blondeau, rue Rameau, 7.

www.ingramcontent.com/pod-product-compliance
Lightning Source LLC
LaVergne TN
LVHW050824200726
843507LV00001B/181